U0936672

本书系教育部人文社科研究青年基金项目
“基于文化自觉的中国数字娱乐产业发展研究”（16YJC860006）研究成果

基于文化自觉的中国数字娱乐产业研究

李婷 著

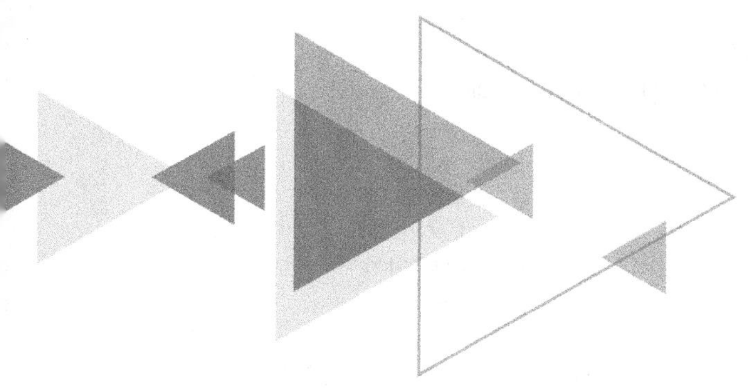

上海交通大学出版社
SHANGHAI JIAO TONG UNIVERSITY PRESS

内容提要

本书把理论逻辑、历史逻辑、案例经验融为一体,把总体性或宏观性的理论探讨与个别性或微观性的案例分析结合起来,对若干基本理论、娱乐产业包含的代表性子产业进化的文化价值嬗变、象征符号嬗变、精神样态嬗变、内容机理嬗变、受众需求内核嬗变、商业模式嬗变等问题,作出富有学理深度的分析阐述,试图提出研究者独到的见解。本书适合传媒产业相关研究者阅读。

图书在版编目(CIP)数据

基于文化自觉的中国数字娱乐产业研究/李婷著
.—上海:上海交通大学出版社,2020
ISBN 978-7-313-23416-2

Ⅰ.①基… Ⅱ.①李… Ⅲ.①计算机网络—文化产业—研究—中国 Ⅳ.①G124

中国版本图书馆 CIP 数据核字(2020)第 181927 号

基于文化自觉的中国数字娱乐产业研究
JIYU WENHUA ZIJUE DE ZHONGGUO SHUZI YULE CHANYE YANJIU

著　　者:李　婷
出版发行:上海交通大学出版社　　地　　址:上海市番禺路 951 号
邮政编码:200030　　电　　话:021-64071208
印　　制:苏州市古得堡数码印刷有限公司　　经　　销:全国新华书店
开　　本:710 mm×1000 mm　1/16　　印　　张:10.75
字　　数:162 千字
版　　次:2020 年 11 月第 1 版　　印　　次:2020 年 11 月第 1 次印刷
书　　号:ISBN 978-7-313-23416-2
定　　价:88.00 元

前言 FOREWORD

进入21世纪，文化作为一种软实力，在国际竞争中日益受到重视。我国传统文化的传承与发展问题也被提升到国家战略层面，在全社会范围内引起关注。如果我们把文化产业比喻为一株快速生长的植物，那么数字娱乐产业就是这株植物的“生长部”，它的细胞分裂速度和质量，直接影响着整株植物的生长速度和质量。因此，中国的文化产业能否发展成为真正意义上的现代文化产业，能否成长为自立于世界民族文化之林的参天大树，数字娱乐产业的发展状况将起到全局性的作用。数字娱乐产业以传播科技为依托，以影视、动漫、网游、融媒体娱乐等为发展核心，促进了周边产业的发展，未来发展前景不可估量。我国传统文化历史悠久，并在国际上占据了独特的地位，颇受国内外大众喜爱。这为我国数字娱乐产业发展创造了良好的文化环境。

任何文化产业的市场表征都有一定的文化背景。传统文化的延续、新型文化的出现、不同文化的碰撞，都会形成一个时期独特的大众文化心理，深刻地影响受众的偏好和选择。从本质上讲，数字娱乐产业隶属于文化产业，它是新兴文化产业价值链中最具潜力的部分，在一定意义上体现了国家“软实力”。数字娱乐产业所提供的是文化产品与服务，其衍生及发展皆在满足大众精神需求。以此视角观之，数字娱乐内容折射了现代文化生活。随着改革开放的深入，我国多元文化生态格局形成，其中不乏优良文化的传承，但是也受恶俗文化的侵染。受这种环境的影响，不少数字娱乐开发商一味地追求市场占有量，为恶俗文化在网络中的渗透提供了可乘之机，忽视了自身社会职责和功能的发挥，给广大受众造成了不良的影响。数字娱乐产业中文化价值的缺失，限制了其向更高层次精神追求的进化，久而久之容易引起受众的负面情绪，严重时可能威胁社会和谐，这显然与我国传扬的社会主义核心价值观不符。因此，文化价值缺失势必会导致数字娱乐在历史长河中的沉沦。

目前对数字娱乐产业的研究多注意其娱乐属性，但对提升数字娱乐产业传播先进文化的能力，展现我国“软实力”的研究缺失。探讨先进文化内核，整合中外文化资源，在产品的创意与制作中既熔铸先进文化内核又充分考虑其娱乐品性和商业要求，探寻发展数字娱乐产业与传播先进文化的结合点，是学者们努力的方向。本研究的探索，将为中国文化建设提供参考价值，并为形成对数字娱乐产业文化自觉的正确认知，以客观的态度，从文化自觉的视角，理论联系实际，客观且辩证地分析中国数字娱乐产业，为中国数字娱乐产业发展提供微观审视与思路开拓。数字娱乐产业所释放的“非意识形态化”产品不过是一种表面现象，貌似“无害”“娱乐”和“消遣”的产品中裹挟着的西方价值观渗透已经越来越隐蔽和难于察觉。中国数字娱乐产业亟待通过增强文化自觉来更加清楚地认识各种文化相遇之时的彼此关系，探明如何树立中国数字娱乐产业在世界文化体系中的文化定位，增强在他域传播的文化认同。

本研究立足于中国数字娱乐产业文化自觉的主体责任、客观需求、目标指向、内在要求以及现实考察。从理论到实践，重点对动漫产业、数字游戏产业、数字文创等子产业进行了系统考察，细致梳理其内容，看似写意的和散点透视的一幅拼图，实则形成了一副较全面完整的“数字娱乐产业”的全景图。在此基础上将基于“文化自觉”视角的理论研究落实到中国数字娱乐产业文化自觉的目标指向、方法途径实践性的结果上来，这是本研究的重点，其中蕴含如下深入的思考：全球数字娱乐产业发展的普遍规律和各民族文化特色差异的探索，比较当今视野下发展中国数字娱乐产业的国际经验和中国文化特色之间关系的认识和思考，在产经框架下运用产经规律发展中国数字娱乐产业与发掘文化特性之间的对立统一关系。

动漫、游戏、短视频等数字内容成为中华文化新的话语表达方式，中华文化诸多元素如何被有效地开发，传统文化的传承与当代中国人的精彩现实生活如何在中华真、善、美共融气质里一脉相承？中华文化如何养成当下人民的文化素养，特别是代表中国未来的年轻人的文化素养？新的不仅是技术，更是思路。本书作为对中国数字娱乐产业发展之路的务实探索，希望能抛砖引玉，尽快找到问题的答案。

目录 CONTENTS

第一章

理解中国数字娱乐产业的六个维度

信息化时代背景下，随着科技与经济的发展，人们的心理和精神需求越来越高，数字技术与文化服务的融合催生了数字娱乐产业。娱乐产业学家哈罗德·沃格尔(Harold Vogel)认为，"娱乐(entertainment)的本质是这个词的词根提示的'抓取'(tenare)，它触动你的灵魂"。数字娱乐产业用数字技术提供娱乐，也就是用数字技术来"抓取"我们的生命。数字娱乐产业作为现代文化产业的重要组成部分，体现了国家"软实力"，其具备的经济功能、文化功能和教育功能毋庸置疑。数字经济不仅是推动文化创意产业快速发展的重要力量，也是文化消费中最有活力的领域。

中国数字娱乐产业在过去的十余年经历了从无到有、从小到大的高速发展后，正在激烈的全球竞争中迅速成长，成为一个生机勃勃的重要市场。在当代，数字娱乐业发展的状况已成为衡量一个国家信息文化水平及综合国力的重要标志。

作为文化产业的重要组成部分，2017 年中国数字娱乐产业产值突破5 000亿元，占中国数字经济比重逾 20%，随着数字娱乐产业的发展，这一比重有望继续提升。在企业的主导下，游戏、动漫、影视剧、文学等多个行业产值突破百亿元。事实上，围绕数字阅读、在线游戏、数字视频等领域议题，业界与学界展开讨论，探讨了在新的政策背景和市场环境下，未来数字娱乐多元化进化的可能性。描述与阐明娱乐文化在消费时代数字化浪潮下的嬗变，厘清数字化浪潮对娱乐产业格局的影响，把握新时代娱乐产业的建设方略，无疑是摆在当代文化产业学人面前的重要时代课题。在本书的开篇，笔者试着从当代中国社会的现实语境出发，在以下六个维度探讨中国数字娱乐产业的发展。

第一节 受　众

一、内生动力——受众和消费者

数字娱乐产业依托于受众，数字娱乐可以说覆盖了人的一生，上至耄耋老人，下至牙牙学语的幼儿，奇幻与现实共舞，历史与架空齐飞……时空交叠，构筑庞大的数字娱乐世界，这是美国、日本成功的重要经验，也是市场无限延伸的“次元”。

按照弗洛伊德的精神分析理论，娱乐原则的核心之一是快感原则，也称宣泄原则；娱乐原则之二是认同原则，即必须有一个认同和宣泄的对象；娱乐原则之三是安全原则，只有意识到自身处于绝对安全的状况下才可能产生娱乐的快感。对于新媒体时代的受众而言，没有任何一种生活方式如数字娱乐般带来如此深刻的可沉浸其中并安心享受的快感。

但学术的思考还应该更为深入。认识数字娱乐产业其实是技术时代的文化课题，需要更为开阔的视野，而不是局限于具体的感官需要。对此我们有必要从20世纪法兰克福学派关于“文化工业”的著名论断说起。

1944年，霍克海默（Horkheimer）首次提出“文化工业”的概念，并将其与“大众文化”联系在一起。1947年，霍克海默与阿多诺在合著的《启蒙的辩证法》一书中用“文化工业”取代了“大众文化”。法兰克福学派的这两位创始人确信，“大众文化”是一种控制文化，是资本控制下的文化生产，像汽车的大规模生产一样，是经过有组织的策划和管理生产出来的，是技术理性的产物，绝不是其字面上所显示的那样，是大众的文化，即从大众出发为大众服务的文化。马尔库塞（Marcuse）1964年出版的《单向度的人》进一步指出，“文化工业”是意识形态与社会物质基础的融合，是资本主义商品制度的组成部分，其结果，大众传媒消灭了思想的丰富性和人的多样性，广播、电影、电视、广告等现代科技的产物，无孔不入地挤进公众的内心深处，消灭了从思想上颠覆和改变现状的文化，使人成为“单向度的人”。①

本雅明在《机械复制时代的艺术品》中进一步肯定，文化工业为大众获得阶级意识提供了某种可能。法兰克福学派提出，因为“文化工业”位于娱乐活动的中心，必然会成为精英文化大众化的重要驱动力，并成为当代产业化社会经济运作的主要机制，对社会的经济、政治、文化产生影响。

任何学术观点都必须结合时代背景去阐述，法兰克福学派的很多观点在当下看来肯定有诸多偏颇，但很多观点对现代世界特别是当代中国有启

---

① 董天策：《传媒与文化研究的学术路径与基本原则——“传媒与文化研究丛书”总序》，《当代传播》2011年第9期。

发和警惕作用。其实仔细想想便很容易发现文化工业理论中的粗糙乃至不合理之处。大众真的成了丧失头脑、任人摆布的木偶吗？这种理性—疯狂的二分法，未免过于绝对。

20世纪80年代以后，国际文化产业的面貌发生了重大而深刻的变化。人类文化的生产从单纯的被资助，到市场化的生产，再到文化产业的迅猛发展，已经成为全球性的必然趋势：大型的专业文化产业公司不断涌现，文化产业的国际市场得到极大的拓展，与国际政治、跨文化传播和国际经济竞争相互影响，构成了文化、经济与政治的新景观。因此，突破文化研究学派的传统论题、论点和研究思路，面对事实本身进行思考，就成为新一代学者的任务。[①]

正面的理论建树比重复地指责大众文化的意见性表达更能代表美国文化产业研究的方向。费斯克(Fiske)在代表性著作《理解大众文化》中形成了自己独特的"生产性受众观"，他指出："大众文化是由大众而不是文化工业促成的。"这与法兰克福学派学者的观点大异其趣。在后者的眼中，受众是被动的被操纵者。这也是阿多诺和霍克海默(Adorno and Horkheimer)用"文化工业"来取代"大众文化"的一个原因。而在费斯克看来，文化产业固然受到商业利益的支配，但"大众文化又为大众所有，而大众的利益并不是产业的利益——正如数量浩繁的电影、唱片或其他产品所表明的，大众让这些产品变成昂贵的'失败'。一种商品要成为大众文化的一部分，就必须包含大众的利益。"

在费斯克看来，文化企业并不能强迫大众消费自己的产品，文化产业提供的各种文化产品，就像一个"菜单"，受众可以选择自己的意义和快乐。在市场化条件下，消费者并不是完全任人宰割的，商家如果不能满足消费者的需要，就面临破产的可能。

数字娱乐产业出现和进化的动力正在于此。数字娱乐产业何以成为可能？当然不是科技的赐予，不是好玩的冲动，而是源自大众心中那个实现梦幻的冲动。在这个娱乐甚嚣尘上的时代，由数字娱乐引发的娱乐本体美学反思必然使得我们不得不再次反思此前费斯克的结论，那就是数字娱乐是

---

① 何苗、刘研：《国际视野中的文化产业研究路径变迁》，《天府新论》2013第3期。

生活的再造，是生活之外的生活，是让生活成为虚幻，成为梦呓，成为奇观的手段。我们之所以去影院看一个自童年时代起便烂熟于心的童话故事如《睡美人》，神话故事如《西游记》，在于《沉睡魔咒》和《大圣归来》里呈现的景观在我们的日常生活中看不到，却在想象中甚或梦境中被演绎多次，无论这种梦境是什么，只要具有梦幻的价值，都是数字娱乐文化流行的基本前提。“近年来，好莱坞电影越来越贪得无厌地追求视听奇观，电影题材越来越变本加厉地脱离人们的现实体验，无论是故事还是视听造型都越来越缺乏人文意蕴，越来越强调表象刺激，玩弄技术、玩弄视觉奇观的倾向正在将电影带向一个远离真实、远离性情的道路，我们越来越生存在‘杜鲁门节目’所揭示的那种虚拟现实中……”如果从反面看这段批评性的言辞，我们恰好可以发现数字娱乐及数字影像所向披靡的战斗力，数字影像之所以成为洪水猛兽般的妖魔，实在因为它蕴含了巨大的满足大众的力量。按照弥尔顿给撒旦翻案的思路，数字影像及其奇观也正是电影长久被现实性、艺术化影像思维压抑的更为人性化的思维方式之一。

总之，一种不可压抑的力量必有它的源头活水，数字娱乐畅行的源头就是受众，就是那些渴望在电影中看到不同于现实生活的生活和不同人物、故事和经历的受众，他们在现实中做不到，就驱策他们的心灵去想象、领悟和沉浸入影像以达成体验。这没什么不理性的，却可能是视觉时代休闲生活方式中最人性的表达途径和思考方式。

职是之故，数字技术进入娱乐产业的根本动力就在于受众对娱乐奇观的极度爱好和追求。如果我们不能对大众的虚拟和现实世界进行有效的勘探，就会动辄把精英的现实观念强加到大众头上，把大众的梦想完全看成是“逃避自由”的证明，看成是“沉迷网络”的无知堕落，看成是人文精英实施拯救方针的机遇，这显然是把已经解放了的大众再度被文化束缚起来，问题在于，文化如此就可以自然而然地艺术并“化”为大众了吗?

“在文化经济中，流通过程并非货币的周转，而是意义和快感的传播。于是此处的观众，转变成现在的生产者，即意义和快感的生产者。在这种文化经济中，原来的商品(无论是电视节目还是牛仔裤)变成了一个文本，一种具有潜在意义和快感的话语结构，这一话语结构形成了大众文化的重要资源。在这种文化经济里，没有消费者，而只有意义的流通者，因为意义是整个过程的唯一要素，它既不能被商品化，也无法消费。换言之，只有在我们称为文化的那一持续的过程中，意义才被生产、再生产和流通。”在费斯克看来，意义才是文化的本质，[①]它的生产和流通与普通商品有根本的区别：它不能由商品生产者提供，只能由消费者自己创造。

费斯克认为，一方面，“所有的文化商品，多多少少都具有我们可以称为中心化的、规训性的、霸权式的、一体化的、商品化的（这些形容词几乎可以无限繁衍）力量”；另一方面，“与这些力量对抗的，乃是大众的文化需要，这些大众的力量将文化商品转变成一种资源，还使文化商品提供的意义和快感多元化，它也规避或抵抗文化商品的规训努力，裂解文化商品的同质性和一致性，袭击或偷猎文化商品的地盘”。研究这些文化消费特征和规律，对于我们全面理解数字娱乐产业的功能，深入探究娱乐文化消费行为和娱乐文化商品实现价值的规律，都具有重要的启发意义。

二、数字娱乐产业的逻辑起点——受众的娱乐需求

按照现代营销传播理论，一种产业存在的前提，是特定的市场需求，人们特定的需求，是我们应该最先考虑的要素。数字娱乐产业既然是用数字技术来制造快乐，满足人们娱乐需求的产业，那么人们对娱乐的需求就应该是我们研究的逻辑起点。

多年来，围绕“娱乐”这一命题，中外学者各抒己见，发表了多种多样的观点。在倾向上，无外乎两类。一类主张“娱乐至上”。持此类观点的学者常常是文化激进主义者，他们更喜欢来自草根的某种力量，以颠覆某种既定的传统；他们更看重以快感为中心的审美诉求，更在乎数量庞大的大众阶层。于是，大众文化、时代偶像、草根英雄成为他们赞赏和拥戴的对象。因此，他们会把娱乐视为一种代表时代、代表前沿的革命性的、积极正向的对象。另一类持与之相反的观点，为“娱乐至死”。这是典型的倾向于文化保守主义的观点。这种观点站在精英主义立场上，对未经改造、提炼和加工过的所谓娱乐，持谨慎、提防乃至反对的态度。持这派观点的人认为，娱乐来自人性落后的、原始的、粗鄙的欲求和力量，如果不加遏制，任其膨胀，将使

① 陈立旭：《欧美学界的大众文化研究》，《资料通讯》2004 第 7 期。

人类丧失思考的能力，丧失清醒的、严肃的状态，将摧毁人类的道德、尊严和理性。因此，娱乐对人类具有极强的腐蚀性和腐化作用，所谓“玩物丧志”，是不得不严控的对象。

我们不应该回避这两种相反的学术倾向和严重对立的学术观点，而应该从这两种不同的学术观点出发，对娱乐，尤其是对集中体现娱乐本性的娱乐产品的娱乐性，做出全面、到位、深入、系统的观察、描述与思考。

两个世纪以前，狄更斯在《双城记》中这样评价他所处的那个年代：“这是最好的时代，这是最坏的时代；这是智慧的时代，这是愚蠢的时代；这是信仰的时期，这是怀疑的时期；这是光明的季节，这是黑暗的季节；这是希望之春，这是失望之冬；人们面前有着各样事物，人们面前一无所有；人们正在直登天堂，人们正在直下地狱。”历史总是惊人地相似——杂花生树，乱花迷眼，这是一个时代的现实图景。事实上，正是这两种截然不同的观点之间的张力建构了数字娱乐需求的嬗变史。

毫无疑问娱乐成了当下审美文化和日常生活的一种普遍景观和重要特征。我们正在面对娱乐文化。按照社会学的休闲理论，娱乐是休闲的一种基本形式。美国社会学者凯利(Kelly)认为，“娱乐”指的是有组织的、有益于个人和社会的休闲活动。1973 年，麦塞(Marcell)在《休闲需要的概念》一文中从人的不同需要对娱乐做出多层面的界定：从表达的需要看，娱乐是“通过参加自由选择的活动来表现出个人的价值”；从创造的需要看，娱乐是“当活动被充分介绍之后，一个人将自由而愉快地参加任何一项活动”；从标准需要看，娱乐是“在非工作时间，人在生理上需要愉快地活动度过，这样有助于恢复体力，准备再次工作，也有利于身体健康”；从感知的需要看，娱乐是“人们能对具有高度自由的或较少限制的活动做出选择”，“人们在精神上确立一套理念将为自己愿意从事的活动提供机会”。可见，在社会的视野中，娱乐是与自由的生活、有价值的行动、愉悦的身心、确立精神理念或信仰等内容紧密联系在一起的。因此，说娱乐是一种文化，丝毫也不夸张。将“娱乐”与“文化”组成“娱乐文化”这样一个专门概念，也是顺理成章的①。人类学学者认为：从原始巫术、原始宗教到神话产生和发展的过程，就是一个从

① 董天策：《以电视娱乐文化作为研究范畴与视域》，《新闻与传播研究》2005 第 6 期。

通神、娱神再到娱人的过程。在这个演变过程中，人们原始的娱乐形式——游戏和艺术出现了。

数字娱乐产业的外延比较容易确定，如游戏产业、网络文学产业、数字电影产业、动漫产业，都可以从数字娱乐本身的种类来加以把握。但是，数字娱乐产业的内涵往往难以界定，数字娱乐产业是如此笼统的一个称谓，我们甚至可能都不了解这个名字之下都暗含了什么意思。唯其如此，有关研究不是一般地使用“数字娱乐产业”的概念，就是以各种具体子产业作为分析对象，极少对数字娱乐产业的内涵进行界定。因此，什么是数字娱乐产业，就成为一个必须从理论上加以分析的问题。

正如文化学者余秋雨所说，报刊、电视、电脑网络，这些传媒是文化的载体，但时间一长就从根本上改变了文化的内外格局，成为文化本体。由是观之，娱乐本体也存在与传媒文化异质同构的困境。载体成为本体意味着什么呢？意味着娱乐传播媒介即是娱乐产业本身。娱乐传播媒介从过去对“权力”、对政治的依附，转化为社会公众生活的独立部分，甚至传播媒介也成为一种产业、一种经济行为，此时，娱乐传媒以其高度发达的手段，独立、广泛地介入社会生活。①

在这种情况下，娱乐的社会价值就在于它自身内在的发展规律和特性，娱乐已经成为独特的文化现象，即娱乐文化，在社会总体文化系统中，以娱乐影响人的方式为主要构成亚文化系统。娱乐文化是以数字媒体为载体，以娱乐表达方式为基本表征的一种文化现象，娱乐文化具有逐渐性、活跃性、综合性、多维性的特征。

著名的《娱乐至死》的作者尼尔·波兹曼(Neil Postman)曾预言：如果一个民族分心于繁杂琐事，如果文化生活被重新定义为娱乐的周而复始，如果严肃的公众对话变成了幼稚的婴儿语言，总而言之，如果人民蜕化为被动的受众，而一切公共事物形同杂耍，那么这个民族就会发现自己危在旦夕，文化灭亡的命运在劫难逃。②

在中国传统文化序列中，娱乐没有独立的地位。家国情怀、君子人格和道德律令，都潜移默化地影响着人们的世界观、人生观和价值观，影响着人

① 余秋雨、陈洁：《余秋雨谈香港文化的转机》，《海上文坛》1997 年第 7 期。
② 【美】波兹曼：《娱乐至死》，章艳译，中信出版社，2015 年版，第 23 页。

们的娱乐观念。在某些对娱乐怀有敌意的人那里，娱乐性始终是一个充满道德异数的命题，受到前所未有的诘问和质疑。二元对立的思维模式使得一些人在娱乐的本性问题上形成一套僵硬的逻辑：娱乐只能是感官上的轻松、肉体上的刺激，而与理性、心灵、精神、痛苦等无涉，甚至是矛盾、悖反的。戴着道德贬抑色彩浓重的有色眼镜，使得一些人面对"娱乐"时产生先入为主的思维定势——娱乐乃非主流、无价值甚至是不入流、不道德的等而下之的东西，娱乐似乎成了数字娱乐产业的原罪。

尹鸿在《为人文精神守望：当代中国大众文化批评导论》一文中如是说道："这就是我们所理解的当代中国的大众文化：在功能上，它是一种游戏性的娱乐文化；在生产方式上，它是一种由文化工业生产的商品；在文本上，它是一种无深度的平面文化；在传播方式上，它是一种全民性的泛大众文化。因而，我们可以说，大众文化是借助于现代文化工业日臻完美的传播技术和复制手段为人们所提供的一种消遣性的'原始魔术'，它通过对观众无意识欲望的调用，为大众制造出以快乐为原则的狂欢节。这些大众文化的文本放弃了对终极意义、绝对价值、生命本质的孜孜以求，也不再把文化当作济世救民、普度众生的神赐的法宝，不再用艺术来显示知识分子的精神优越和智力优越，来张扬那种普罗米修斯的人格力量和悲剧精神。它们只是一些无深度无景深却轻松流畅的故事、情节和场景，一种令人兴奋而又晕眩的视听时空。这些文本是供人消费而不是供人阐释的，是供人娱乐而不是供人判断的。它华丽丰富，但又一无所有。在这里，只有现象没有本质，只有偶然没有必然，一切都朝生夕亡、转瞬即逝，没有历史意识和美学个性。

尽管大众文化的这种抚慰功能、娱乐功能对于人们心理结构的平衡和调整，对于社会秩序的建立和维护发挥着它的文化整合功能，在一定程度上可以促进文化的民主化和平民化进程，但是，我们也应该意识到，当文化在功能上转化为一种文化娱乐之后，娱乐便片面地代替了文化整体，同时也代替了生存的实体，从而成为生存中的现实欲望的虚假满足。大众文化把主体滞留在一种表演性的快感中，而遗忘了意义和生存本身。这正是大众文化所包含的文化危机。的确，大众文化由于它与商业利润唇齿相依，由于它不可避免地要用媚俗的方式来换取大众的青睐，从而将产品卖给接受者，同时又把接受者卖给利润，由于它与既成权力关系的相互依存，所以它对于我们的文化发展、社会进步和美学理想的追求，对于保持一种批判的、超越的、具有活力的人类进步意识的努力必然会带来一种负面的影响。如果我们对这种影响缺乏认识或者无动于衷，那么我们也许将付出历史的代价。"[①]尹鸿教授深刻地揭示了哲学意义上娱乐文化的"异化"，即在娱乐活动的传播过程中，娱乐产品的策划和定位、内容和话语等要素的选择和安排，纯粹围绕着对受众造成感官刺激的目的而展开，无视社会责任和自律意识，忽略了娱乐的真正目的——使人在精神层面或文化层面上获得积极健康、多元化的感性愉悦和审美享受。

马克思说：精神最主要的表现形式是欢乐、光明……我们把可笑的东西看成是可笑的，这就是对它采取的严肃态度。正确理解娱乐，让娱乐归位于娱乐本身，这是我们对待娱乐应有的态度。娱乐产品的奇观化表现在外在结构方式、内在叙事模式，还在于承载的意义都显示丰富多彩、蓬勃迷人的景象，与现实生活形成了鲜明的对比。从大众传播的角度来看，被娱乐所释放的世俗神话的第一个功能，就是凝聚和集合了可以作为模仿对象或审美对象的生活经验。传统的神话意识是接受最终真理，而世俗神话的产生，是对乌托邦的回避之后对自己日常生活的神话化，从而再造新的乌托邦。

娱乐的本性是乌托邦的，是人类生命本能的自然显现，是与人的自由本性密切联系的。娱乐性奠定人类的心理向度，恶恶声，好好色，本性使然。作为一种哲学范畴的娱乐，其游戏本质恰恰蕴涵了人类追求自由解放的全部含义。真正的娱乐性理应具备：真的内核、善的品质、美的神韵。它应该使人快乐，更应该拥有人文情怀和艺术精神。

朱大可先生指出："社会平衡原理如此启示我们，一方面要确认'娱乐无罪'原则，捍卫'必要的娱乐'的权力，避免走回到极权主义和泛政治化的旧途；另一方面也要制止'过度娱乐'和泛娱乐化的偏差。而纠正娱乐过度的解决途径似乎只有一种，那就是实现娱乐归位，让娱乐退离非娱乐领域，把政治还给政治，道德还给道德。我们被严肃地告知，娱乐应当被限定在自身的领域，也就是影视、游戏、赛博空间等日常感官生活的空间。无论如何，娱乐不是我们的敌人，它只是那种需要加以节制的笑声而已。"

---

① 尹鸿：《为人文精神守望：当代中国大众文化批评导论》，《天津社会科学》1996年第3期。

在数字娱乐产业的视阈中，必须首先直面这样一个基本的问题：娱乐文化要娱乐谁，或者说谁在享受娱乐文化？直观地看，这个问题似乎是明知故问。但在理论上，这个问题却牵涉娱乐产业受众或者消费者的主体性或者说是本位性。1967 年，接受美学创始人姚斯明确提出：在作者、作品与读者的三角关系中，读者绝不仅仅是被动的部分，或者仅仅做出一种反应，相反，它本身就是历史的一个能动的构成。一部文学作品的历史生命如果没有接受者的积极参与那是不可思议的。因为只有通过读者的传递过程，作品才进入一种连续变化的经验视野中。这样，接受美学就从理论上确立了读者在文学传播过程中的主体地位。[①] 从理论上讲，娱乐产业消费者在娱乐文化传播过程中又何尝不具有这样的主体地位呢？现代社会的娱乐文化中一个引人注目的现象是：一方面，安排闲暇时间、追求高度个人化娱乐自由的趋势在增长，娱乐内容和形式的个性化倾向大大增强；另一方面，在集约化的大娱乐工业的支撑下，千百万人往往被吸引到同一种游戏活动或者是场所之中。

娱乐受众主体地位的确立，意味着娱乐文化研究必须转换视角，从文本中心、创作中心转移到接受中心，更多地从接受者的角度出发来研究娱乐文化。这意味着娱乐文化研究要更多地研究观众的期待视野，研究受众需要的多样性，研究受众本身的层次与变化，正是这些因素从根本上决定了娱乐文化的丰富性、多样性与发展性。

自工业革命以来，人类文化活动的变化是一场由市场力量和大众行为推动的文化变革。对这种文化变革，应该历史地、一分为二地进行评价，既要看到它消极的一面，更要看到它积极的一面。不能仅从少数文化精英的角度来评价，只以传统的文化艺术素质高低为标准来评价，而对广大人民的审美心理结构和文化需求采取鄙视甚至敌对的态度。例如，我们不能仅仅因为有一些大众文化产品表现的艺术和社会价值不高，就得出“文化生产衰败”的悲观结论。

文化生产的大众化和产业化固然有其不可避免的先天缺陷，但我们还是应该看到，文化产业的兴起和发展也从生产和消费两方面实现了前所未

① 董天策：《以电视娱乐文化作为研究范畴与视域》，《新闻与传播研究》2005 年第 6 期。

有的进步。它一方面使少数精英垄断文化生产的局面被打破，众多智力劳动者进入文化生产领域，使文化生产力得到极大解放；另一方面是少数人的文化消费垄断被打破，大众进入文化消费领域，使文化成为普通大众都能享受的东西。

本来，包括娱乐文化在内的大众文化、审美文化等文化形态，在我国尚处于起步与发展阶段，研究这些文化形态的学术立场首先应当是一个建设性的立场，但是，国人在这方面的研究从一开始就是拿来主义，而且首先是拿来法兰克福学派对大众文化的批判立场，对尚处于勃兴时期的中国大众文化的各种负面效应，如消解主流意识形态、造成文化的庸俗化、诱发异常行为、影响青少年身心健康等，进行了激烈的批判。大约从 20 世纪 90 年代中期开始，出现了另一种大众文化批评的声音，即质疑法兰克福学派的批判立场在中国大众文化批评中的合法性，倡导走出阿多诺模式，为当代中国的大众文化的进步性、民主性、文化普及性等积极因素进行辩护。这时，英美当代文化研究对大众文化所作的同情的理解与科学的分析逐渐受到国人的重视。不是简单地移植或挪用西方某种理论来阐释或评论中国娱乐文化，而是立足于中国娱乐文化的实际，借鉴法兰克福学派的批判精神，吸取英美当代文化研究的科学分析，对中国娱乐文化加以实事求是的分析。比如，分析娱乐文化的概念与视阈，分析中国娱乐文化的历史进程与独特性质，分析中国娱乐文化的社会功能，分析中国娱乐文化的内在张力、建设战略。对中国娱乐文化的独特语境与独特问题的自主性研究，有利于弘扬一种更加富有积极意义的建设性立场，从而能更有效地推进中国娱乐文化的健康发展。

初级阶段的娱乐是以人自身为媒介，群体直接参与，娱乐的方式有限，类别褊狭，涉及的范围很小，娱乐的形态较为单一。大众传媒出现后，娱乐的内涵和外延都得以扩张。仅以庸俗、肤浅等简单的断语去评论娱乐性作品是一种欠缺，仅有少数人关注娱乐作品的研究也是一种欠缺。对于娱乐性的研判应遵循客观、科学、全面的理念，不可一叶障目，不能以偏概全。要从人类进化、社会发展、科学进步、心灵成长、终极关怀等诸方面给予整体关照，从日常生活、艺术、大众文化、传媒等不同视角，全方位审视，深入探究娱乐性的科学定义、丰富内涵和现实意义，探寻娱乐性对于文化产业的积极作用和正面价值，探讨娱乐性对于数字娱乐产品创作和发展的重要意义，并在实践上遵循娱乐性的一般规律，推动数字娱乐产业的健康发展。

第二节 技 术

达·芬奇说：艺术借助科技的翅膀才能高飞。艺术随着科学技术的进步而不断发展。最原始的娱乐方式是演员与观众面对面的交流，随着机械和声学的发展，留声机的发明促进了唱片业的产生和文化的低成本传播。而光学和摄影技术的发展也使电影成为人们生活中不可或缺的重要部分。数字技术的发展和网络的形成，甚至空间技术的发展也使得当今时代的娱乐方式产生了革命性的变化。从收音机、电影、电视、电脑等不同的终端所体现的绝不仅仅是娱乐工具的进步，更重要的是体现了文化生态的深刻变化。[①] 这种由科技进步所启动的娱乐方式的变革至今仍日新月异。2016 年底，在好莱坞乃至世界都颇负盛名的华裔导演李安携《比利林格的中场战事》献礼大荧幕，引起业界不小的震动，面对外界对其创新的惊异，尽管资本方会抱怨成本更高，但在电影领域，从没有人会抱怨技术“太先进”。就像有声片代替默片，彩色画面取代黑白电影，大牌导演中的先驱者们，比如詹姆斯·卡梅隆、彼得·杰克逊等都在向高帧率技术进发。

技术无疆界、无预设，任何场景风格都可经由技术得以表达，而技术又同时构筑起产业发展的门槛和壁垒。得技术者，虽未必能够立于不败之地，至少能够得到相当的先发优势。今日众多海外作品关注度爆棚，离不开技术对创意的表达。然而我们也应该看到工具不总是从属的，它对内容常常会产生意想不到的影响。

与传统的娱乐方式相比，现代娱乐具有高技术与高情感相结合、艺术享受与商业消费相结合的特征。数字娱乐产业作为以互联网技术为平台，数字互动技术与艺术要素相结合的一种产业，与整个市场和社会文化娱乐消费紧密相连，是现代娱乐方式的典型体现，它构成了现代文化产业的重要部分。在整个文化产业体系中，数字娱乐产业是与现代科技结合最密切的部分，是最能体现文化产业科技、艺术、商业三位一体的现代形态。随着全球

---

① 李向民：《文化产业，信息时代的文化革命》，《中国文化报》2003 年 12 月 6 日第 3 版。

数字化革命的不断深入，尼葛洛庞蒂所描绘的人类“数字化生存”图景不断地成为清晰的现实，人类娱乐领域也开始了一场数字化的革命。数字娱乐产业正迅速崛起，成为现代娱乐方式的主流。这种娱乐方式的革命，赋予了“数字化生存”这一概念新的含义。人类的数字化生存并不只是体现在吃、穿、住、工作等必需的物质生命活动中，同时也体现在人类的精神文化和娱乐活动中；这意味着数字化不再仅仅是人类现代生存的手段，同时也渗透于人类的幸福体验中，参与人们对生命意义的理解和领悟。

第三节　融　合

小说、漫画、动画、电影、游戏乃至真人电视剧，层层推进、互相演绎、互相造就，形成了一股难以抵抗的漩涡，落到实际的产业运作中，在资本的润滑之下，形成了精密的分工配合，将所有可能的内容形态裹挟其中，并借由媒体和渠道的巨大平台触达受众。数字娱乐产业的力量在于连接，有连接才有可能突破单一业态的限制。

随着科技和互联网的高速发展，伴随着全球化的步伐，信息产业和文化产业的结合孕育了数字娱乐产业。数字娱乐产业是数字技术与娱乐内容产业的结合。从形式上看它是将图像、文字、声音、影像等以数字技术加以整合形成的增值产品和服务。究其本质，则是文化、科技和经济相融合的产物，是对文化资本、经济资本、知识资本等有形和无形的要素的整合所产生的价值创作模式。

数字娱乐产业作为一个完整的产业链，包括创意、内容制作、技术支持、市场推广、市场交易、内容复制与传输等各个方面。仅从内容的提供方式划分，数字娱乐产业至少包含下述几个领域：游戏产业、电脑动画、数字影音、数字出版、数字内容复制与交易、[①]电子竞技以及其他相关服务业。这一产业对人类的生产、生活与娱乐方式产生了革命性的影响。

数字娱乐文化是一种动态的文化，是一种可以不断再生的文化，它可以将娱乐内容要素进行细致的分解，通过不同的文化基因式组合形成千姿百

① 廖忠双、涂小玉：《3G产业化促进网络文化的发展》，《重庆社会科学》2006年第12期。

态的娱乐内容和表现形式。数字文化的生命力在于其强大的流动性和可吸收性。在极小的单元内可以包容无限丰富的内容。这不能单从技术上解释,还要从文化传播和社会文化互动层次上去理解。借由现代信息技术以及电子媒体与网络机制,数字文化可以将视频、音频、文字等各种表达方式有效地运用,在短时间内将极其丰富的文娱内容扩散到现实世界和虚拟世界,甚至人的内心世界各个角落,并且为人们所吸收、消化和再生。

数字文化对传统的世界不断进行冲击和改造的同时,塑造了全新的生活方式和价值观念,也就相对应地可以生成巨大的消费需求和全新的市场消费模式。更为重要的是,数字文化的发展形成了与传统文化产业完全不同的运行模式。数字文化内容的再生性、文化传播形式的直接性和广泛性,使得数字娱乐产业在产品和服务的开发、生产、营销等方面能够创造无限的想象空间。同样,数字文化不是简单的文化的信息化。一部电影如果仅仅是用数码摄影机拍摄,只不过是技术含量的提高,并不是真正意义上的数字娱乐产品,但是,如果通过数字化传播技术和数字加密技术成功进行院线的发行放映、打击盗版,抑或由此衍生出网络视频点播、影像制品和游戏、动画等产品,那么它就符合了数字文化的要义。数字娱乐产业最鲜明的特征,就是产业平台近乎无限的可扩展性,应当说任何传统的娱乐方式或内容,都可以通过数字的平台加以扩充。

第四节 创　意

虚拟作品的想象空间无限,展示空间同样巨大。从国外数字娱乐产业的发展经验来看,其或源于故事,或源于视觉呈现,更在于其衍生出无穷尽的实体产品。在让品牌依附于其他产品上,带来溢价空间的同时,也更加深切地走入人们的生活,而不再是二次元中看得见摸不着的形象,这又进一步推进了品牌的成长。玩具、服装、家居用品、文具、饰品、电子消费品,无所不包。而最终,形象凝聚于乐园,提供了独特的体验,让人们对于数字娱乐的热情和想象力集中迸发,带动消费。中国数字娱乐产业创意缺乏,压缩了想象空间,也就阻碍了整体产业走向无限次元。

有人认为,数字娱乐产业的内容就是数字游戏、动漫、电影、数字音乐等，这其实是把数字娱乐的类别形式误解成它们的内容。所谓“内容”是与“形式”相对应的一个概念，一般是指事物所包含的实质；内容的具体呈现方式及构造则是形式。同一种内容，如一定的人物、故事等，可以通过小说、电影、电视、游戏等不同的形式表现出来。生动、丰富的形式可以使内容更加精彩，但不能代替内容而起作用。形式华丽而内容贫乏单调的数字娱乐产业，是难以引起人们兴趣的。因此，数字娱乐产业的竞争，不仅表现在技术形式的竞争上，而且更主要地表现在内容产业的竞争上。要将数字娱乐产业发展为强大的民族产业，内容生产是一个极其重要的环节。只有当我们利用特定的技术手段发展出具有原创性和竞争力的内容创意产业时，我们的民族产业才能在世界数字娱乐产业竞争中占有一席之地。

一个好的数字娱乐生态，一定会打破原有的障碍，将前沿的科技与前卫的艺术，以及年轻人的梦想实现自由连接，并催生出一个人才辈出的大创意时代。

从这个角度说，数字娱乐产业也是一种创意者经济，它不断地吸引那些怀揣梦想、情怀的创意者进来，并且把创意者、生产者和消费者联系在一起，把一个个的产品变成了一系列的产品，让创意的价值更加扩大，从而形成一个“用户—创意者—平台—用户”这一不断扩张的循环。创意催生出的新经济形态，依旧是以内容为王，通过内容来吸引观众，把观众变成用户，把内容变成产品，再把产品变成商品。

第五节 资　本

要实现虚拟内容生产的工业化以及展示空间的无限扩容，资本不可或缺。在全球化的产业环境中，面对自由流通的内容、已被培养起内容倾向的受众，资本与政策如同驱动数字娱乐产业的双轮。问题是政策、资本是否理智地认清数字娱乐产业特性以及产业进程的阶段呢？在乎政绩表现或是过分追求短期财报的数字升降，都会影响这个产业的成长。娱乐盛世，遍地资本，风口之下资本涌入，拿得出手的作品却屈指可数。这个时候，需要冷静，需要容错，需要定力，更需要持久。

数字娱乐产业的内在动因是娱乐需求，而外在动因则是来自信息产业和文化产业两股强大冲击流的激荡汇合。信息技术改变了信息和内容传播及交流的方式，并且为内容的复制和传播提供了新的媒介和通道。当内容或者文化作为一种特定的要素被数字化后，不但更容易被复制和传播，而且可以根据产品和服务设计的需要进行整合。借由互动技术使得要传达的内容和信息更加容易被吸收、重复使用和组合。而数字娱乐产业将意义和内容转化为产品，以产业化生产的方式激活了对文化和内容消费空前巨大的市场空间。当这两股洪流在 21 世纪之初奔流交汇之际，[①]数字娱乐产业也应运而生。数字娱乐产业的洪流正迅猛地融汇和吞噬着传统产业分割的壁垒，冲向一个更为广阔的经济海洋。

数字娱乐作为一条完整的产业链，不仅刷新了传统文化产业的内容，而且实现了新的产业运营模式，促进了虚拟世界与现实世界的互动。

数字娱乐产业不仅是未来经济增长的主导产业，而且将现有的产业和行业通过技术和内容连接成为价值链条，打破现有的产业分工体系，重构了产业之间的关系。数字娱乐产业的各行业之间存在内在的关联，而且数字娱乐产业和传统文化产业之间的对接将创造出巨大的增值空间，形成巨大的产业间的联动效应：其一是产业集聚效应。以数字文化为纽带，集聚产业的优势力量。通过众多的各种类型的数字企业在本地的聚集，逐渐形成数字娱乐产业群，并以此为基础不断进行产业结构优化、调整和升级。其二是扩散效应，即以信息文化产品的销售和普及，实现对市场环境的更新并带动其他行业的发展。

更值得深思的是，数字娱乐产业不仅是文化产业的一个门类或者是信息产业的一个分支，也不仅是信息和文化产业结合而产生的一个新兴产业。数字娱乐产业的范围已经突破了产业经济的范畴，涉及文化传播、影视媒介、信息服务等社会生活的方方面面。数字娱乐产业的发展凸显了娱乐产业化和产业娱乐化两大趋势。娱乐在转化为产品和服务，以产业的方式被生产和消费的同时，经济本身也日益娱乐化，产业的竞争已由金融资本和技术的竞争演变为文化的竞争。数字娱乐文化是大众消费文化在信息时代的根本特征，数字娱乐文化进一步深化和加速了这两种发展趋势。

① 廖忠双、涂小玉：《3G 产业化促进网络文化的发展》，《重庆社会科学》2006 年第 12 期。

数字娱乐产业的外在动力是以内容为实质的文化资本的运作，虽然“内容为王”的口号已经深入人心，但我们仍然还停留在信息化的浅表层次，对内容的产业化和内容王国的版图和地质都缺乏仔细而深入的勘探。

现如今，数字娱乐的价值被国家和资本市场进一步确认，数字娱乐各细分领域呈现百花齐放的态势。一方面，影视、VR（虚拟现实技术）及电竞频频引领数字娱乐新热点，并引导新的娱乐类型；另一方面，数字娱乐各细分领域之间越发趋于融合，娱乐内容的品质、新颖性等将迈上新台阶。

第六节　“IP”

IP 一词在 2014 年前后席卷了整个传媒圈，数字娱乐产业对 IP 的认知也到了史无前例的高度，这一年也被称为 IP 元年。广泛的用户基础、高质量的创意起点、可供借势的营销推广、不断成熟的操作模式，在诸多因素的共同作用之下，IP 改编数字娱乐产品的成功比例被极大提高。

产业的本质在于增值，对于数字娱乐产业而言，增值的源泉在于是否实现了“IP 化”。这是产业的本原，相比之下所谓“规模”“效率”都是浮云。一部作品，并不只是讲述一个故事，反映一段情绪，表现一个场景，更为重要的是将内核 IP 化，形成可复制、可延展的模式，以此调动虚拟内容与实体产业链的各个环节，令想象、技术、资本、空间，形成驱动的合力，共同向前。

所谓 IP，是 intellectual property 的缩写，意为知识产权，“是指文化产业领域中文学小说、音乐歌曲、影视动漫、电子游戏等方面的内容版权”，IP 影视则是指对文学、动漫、游戏等原始素材加以改编的影视作品。其实，IP 并非一个全新的横空出世的概念，我们通过对文化产业“消费增值率”理论进行追溯，会发现二者旨趣其实相差无几。“消费增值率”是指普通的物质消费，是对消费对象的“消耗”，消费品的价值会随着消费过程而减少，直到消失。而以数字娱乐为代表的文化消费则不同，它不仅不会消耗掉产品中的文化内容，反而会因消费过程中的创造性活动而增加产品中的文化内容，对精神文化内容而言，消费活动其实是一种“再创造”。①

---

① 李思屈：《数字娱乐产业》，四川大学出版社，2006 年第 1 版，第 45 页。

文化资源原属并不是造就文化产业大国的必要条件，且文化资源的原属性和现实市场活力不是一定对等的。例如，被日本和韩国分别改编成热门游戏的《三国演义》的源故事属于中国，中国拥有这个文化的历史原属。[①] 不同国家因为历史的缘由，拥有的文化资源的数量差别很大，在文本创意时代，古文明的博物馆展示和民间故事的传媒传播都是文化资源大国引以为荣的资本。但是在文化产业化时代，通过“借鉴”而进行的可被市场受众接受的产业符号的生产和消费，强有力地扭转了文化资源大国的文化优势，改变了文化历史资源原属国的市场拥有者地位。

一方面文化资源自身并不能自然地成为文化产品或文化商品，只有经过再创造，成为商品符号，才能进入产业循环链，成为文化产品；[②]另一方面，文化生产所依赖的资源同传统制造业所需要的自然资源不同，不是越用越少，而是可以反复使用，甚至可以在符号生产和使用中增值。文化资源相对于特定的开发技术而存在，技术含量更高的复制技术可以更好地增加文化产品的“量”；新媒体的商业传播能力可以通过传播增加文化产品的“质”。正是由于复制技术和商业传播使得文化产品成为产品系列和产品组合，实现了产业化的目的。

在文化产业的内容生产中，产品系列和产品组合是常用的两个产品化组合。

所谓产品系列，就是利用内容的关联性生产出同一产业门类中的关联性产品，例如，印刷产品中的图书系列、杂志系列。所谓产品组合，就是利用内容的关联性和产品形式的互补性，将不同系列的产品提供给受众消费的方式。例如，同一个传奇故事被改编成电视剧、小说、音乐剧等不同品类，在文化市场中形成一个产品组合。改编正是数字娱乐产业的一种符号重组手段。文化产业的市场开发需要向受众提供文化产品的系列组合，创造多样化的利润增长点，才能形成文化企业的市场优势。

对相似的内容进行形态转化，从来就是内容生产的一个重要方面，不独为数字娱乐时代所特有。从内容生产的数量上看，以形态转化的方式进行生产的一般多于完全的原创，而且在很多原创性的内容中，也可以发现一定

---

① 李涛：《美、日百年动画形象研究》，博士学位论文，四川大学，2007 年，第 11 页。

② 李思屈、李涛编著：《文化产业概论》，浙江大学出版社，2014 年第三版，第 43 页。

的形态转化因素。只是数字娱乐技术的应用，使得内容形态转化现象更为突出、更为高效而已。

跨媒体改编是数字娱乐产业符号重组的主要形式。对已经成熟的产品而言，改编可以吸引新的读者。数字娱乐产业领域中的不同行业结合造势，已经成为一种趋势。IP 内容的影视化改编由来已久，虽然在过去“IP 改编”这一概念并不流行，但笔者认为从实际操作角度来看，IP 影视早已存在。例如，美国的“蓝本改编”，在 1969 年以后的新好莱坞电影叙事中被确立为第一要素。中国影视领域的 IP 改编更是可以追溯到电影诞生之初。我国第一部电影《定军山》来自京剧《定军山》，虽然它几乎没有“改编”的过程，但仍然为后续的 IP 影视发展埋下了伏笔。中国电影发展史中同样常见以文学作品为蓝本改编的电影，如《白毛女》《祝福》《霸王别姬》等。值得一提的是 1966 年由中国联合影业公司和新华联合影业公司共同出品的动画电影《铁扇公主》，它是中国的第一部动画长片，改编于四大名著之一《西游记》，可谓 IP 影视发展中里程碑式的存在。电视剧发展史中的 IP 改编高潮则出现在 20 世纪八九十年代，随着改革开放的推进，大众文化在经济的驱动下兴起，电视剧产业飞速发展，以《四世同堂》《红楼梦》《西游记》为代表的一批 IP 电视剧相继出现，带动了影视产业的蓬勃发展。

中华文化在互联网上的创新发展不仅体现在传统意义的文化类型上，在以 IP 为核心的游戏、动漫、文学、影视、电竞和视频等多元数字内容中也共融共生，发展快速。据统计，文化创意相关产业共创造了超过 5 000 亿元的核心产值，在数字经济中的比重已经超过五分之一。基于产业基础的繁荣，打造、锤炼一种符合中国文化生产方式的新文化已经势在必行。

2020 年，数字娱乐产业在保持高速发展势头的同时，又有了许多可喜的变化，行业对于 IP 价值认知逐渐回归理性，精品 IP 开发向着更加精细化、专业化方向发展。数字娱乐内容逐渐与表演、电商、社交、教育等更多的领域跨界结合，内容被不断开拓，内容品类也不断丰富。

如上所述，以上六个维度环环相扣、互相依存，创造出无限的数字娱乐产业空间。

第二章

传统文化赋能中国数字娱乐产业

进入21世纪，文化作为一种软实力，在国际竞争中日益受到重视。我国传统文化的传承与发展问题也被提升到国家战略层面，在全社会范围内引起关注。从宏观政策来看，党的十九大报告中明确指出，文化是一个国家、一个民族的灵魂，要深入挖掘中华优秀文化的当代价值。国家领导人在多次重要讲话和文章中强调文化自信的重要性，强调“优秀传统文化是一个国家、一个民族传承和发展的根本，如果丢掉了，就割断了精神命脉”。[①]

近年来，我国出台了一系列政策，以促进传统文化的传承与输出，建立中华优秀传统文化现代传播体系的重要意义已在国家政策层面予以确立。2017年1月，中共中央办公厅、国务院办公厅印发了《关于实施中华优秀传统文化传承发展工程的意见》，这是我国传统文化工作中第一份中央级的指导性文件，明确了传承传统文化的总体要求、主要内容和组织保障措施，将传统文化传承与当代社会背景融合，提出加大文化宣传力度，将传统文化融入生产和生活。我国从2017年开始全面实施《“互联网＋中华文明”三年行动计划》，鼓励社会力量与文物博物馆单位深度合作，最大限度地开放文物资源，加强数字化展示和文创产品开发，完善企业支撑体系，进一步弘扬中华文明。在即将出台的《文化产业促进法》中，明确提出国家重点鼓励和支持创作的优秀作品，其中包括“传承中华优秀传统文化，继承革命文化、发展社会主义先进文化”，草案第二十条指出，国家鼓励和支持深入研究阐释中华文化的历史渊源、发展脉络、基本走向，传承中华优秀传统文化，构建有中国底蕴、中国特色的思想体系、学术体系和话语体系，推动中华民族文化基因与当代文化相适应、与现代社会相协调。

从供给端来看，一方面，自20世纪90年代以来，世界经济格局面临严峻考验，美国、日本和欧洲各国纷纷布局文化产业，美国提出版权产业的概念，日本确立了“文化立国”的方针，欧洲则成立特别工作小组，将文化创意产业

---

① 张融：《传统文化IP的传播策略研究》，博士学位论文，华东师范大学，2019年，第28页。

作为经济发展的重要支点。我国是一个文化资源大国,但文化资源丰富不等于文化产业发达。悠久而丰富的传统文化是中华民族的一笔宝贵财富,如何促进文化资源向文化资本转化,增强文化软实力,是一个重要的时代命题。另一方面,随着5G技术的推进,大数据、人工智能、虚拟现实等前沿科技不断应用于生活场景中,科技与文化的结合带给人们更加丰富的文化体验,也为传统文化的现代传播体系构建提供了新契机。

从需求端来看,建构传统文化的现代传播体系,要在融合创新上下功夫,开创的是新市场,面对的是新受众,融合创新与顾客的消费行为通常具有路径依赖性。消费者是否愿意接受,是否有能力接受,是否持续消费,都是我们需要考虑的问题。尤其是在文化自觉与文化自信不断增强的当下,传统文化产品面向的是一个极具潜力的消费市场,关键还在于供给方向如何引导和创新营销。

另外,随着经济的快速发展和人民生活水平的提高,我国居民人均可支配收入不断上升,人们的精神文化需求逐渐凸显,国民消费观念发生巨变,文化消费呈蓬勃发展之势。当今世界,各国之间的文化交流日益加深,生产具有普世价值的优秀文化产品,建立有效的文化传播体系,是增进他国对中华民族正确理解的关键,使得中华文化在“走出去”的过程中真正“走进去”,在他国播下种子,生根发芽。当前,媒介融合不断加深,文化内容和形式需要不断创新以迎合新的载体和受众要求。

综上所述,面对日新月异的新媒体环境,传统文化的现代传播体系的建立需要在理论层面予以支持,对传统文化的数字化传播进行深入研究,具有现实可行性。

第一节　文化自觉视野中的优秀传统文化传承

工业文明时期人类社会的竞争是以物的制造和消费以及经济的发展为基础的,但当人类社会进入后工业文明时期以后,文化开始成为一种软实力,许多国家纷纷打出文化立国的口号。中国也不甘落后,国家领导人不仅把文化看成国家发展的软实力,还提出了从“文化自觉”“文化自信”到“文化自强”的战略目标。[①]

在我国，“文化自觉”的命题最初是由我国社会学家费孝通于1997年在北京大学提出的。总体来看，费孝通“文化自觉”命题的提出主要是源于全球化时代背景下，生活在一定文化中的人，对如何保持民族特色和拥抱多元文化的思考，目的是倡导一种“和而不同”的文化理念。自费孝通先生大力倡导，“文化自觉”命题在学界引起了重要反响，众多学者从教育学、文化哲学、社会学、人类学等角度对其进行研究。且多数集中在学者对自身学术的考问以及政治、文化等宏观层面，预期我国今后的文化自觉学术研究界会出现更多研究目的明确、研究视角更为全面、更具研究深度的成果。笔者希望借此有所突破，能拓宽文化自觉研究的视角和渠道。

国外学者们虽然没有直接提出和研究“文化自觉”，却做了很多与“文化自觉”有联系的外围性、前期性工作。西方学者关于文化本质、文化形态、文化发展、文化交往、文化批判、文化冲突等方面的研究都为文化自觉论的研究提供了丰富的理论资源，比如斯宾格勒（Spenglerian）、汤因比（Toynkee）、雅斯贝尔斯（Jaspers）、亨廷顿（Huntington）、胡塞尔（Husserl）、海德格尔（Heidegger）以及西方马克思主义和后现代主义的代表们对西方文化和工业文明的理性文化反思和批判表达了各个文化主体对本民族文化发展的一种自觉认识和反思，这些都可以说是对文化自觉论的一种诠释。

近年来无论是中央政策还是社会舆论，对于精神文明建设、民族文化复兴的热情和关注都到了一个新的高度。国学教育普及兴盛、民国老课本出版热潮以及国家领导人在许多重大国际场合论述继承和弘扬中华优秀传统文化同实现中华民族伟大复兴中国梦的重要关系的讲话等一系列事实证明了这一点。这一现象可以通过“西方价值的悖论”得到合理解释。哈佛大学教授塞缪尔·亨廷顿在他的主要著作《文明的冲突与世界秩序的重建》里提出：在变化过程的早期，是由西方化推动现代化的；而后来，现代化则通过两种形式推动了非西方化以及本土文化复兴。[②] 在中国，一种形式可以体现为宏观上通过提升中国社会总体经济、军事以及政治实力，从而鼓励了人民的文化信心；另一种形式则是现代化给中国国民在个人层面带来的与几千年

---

① 方李莉：《文化立国的中国期待》，《人民论坛》2011年第9期。
② 魏婉琳：《〈故宫日历〉开拓传统文化图书出版新思路》，《中国编辑》2018年第3期。

中华民族传统纽带割裂的异常化和反常感，继而导致中国人需要求诸中华传统文化来为认同危机找到答案。这种变化是综合国力强大、民族精神复兴等现实情况在文化上的必然要求。我们必须承认，传统文化复兴的思潮在今天的中国社会已经具有了主流性，而且开始在社会生活中广泛地施加影响。

中华民族五千年源远流长的文化历史中，沉淀着我们最深层的精神追求，它包含着中华民族最根本的精神基因，代表着中华民族独特的精神标识。中国有五千年从未中断过的文明史，这是世界上任何一个国家都不曾拥有的。古埃及、古印度、古巴比伦、古希腊、古罗马等，虽也历史悠久，但其文明都曾被中断，唯有中国文化历史源远流长。从甲骨文的记载到今天，我们的祖先为我们留下了大量的古文献，大量的物质文化遗产和非物质文化遗产，因此，中国是世界上文化基础最雄厚的国家。

让优秀传统文化的传承形成一个社会的文化氛围，把广大的民众引向文化的自觉与自省，从而走向文化的自信与自强。如果广大的民众都以传承自己的文化为美、为时尚和新潮，传统文化的保护和传承就不再是一个问题。但是要真正做到文化自觉，重新认识中国的文化历史是不容易的。首先是由于长期以来对自己文化历史的不重视，导致许多年轻人在这一方面的知识奇缺。其次是中国历史悠久，文化内涵非常丰富，中国地大物博，有不同的地域文化，不同的少数民族文化，有精英文化还有民间文化，等等，我们该如何去认识它们呢？又该如何教育下一代，并为他们提供全面认识中国文化的机会？这非常重要。伴随全球化所带来的不同国家、不同文化的交流越来越频繁，在经济一体化的同时如何认识自己民族文化在世界上的地位，这不仅是中国而是全世界所有国家都面临的问题。[①]

美国人类学家萨林斯(Sahlins)认为，在后现代主义社会里，整个世界发生了变化，其中最大的变化就是，传统文化和现代文化不再是一对矛盾，而是可以融为一体，成为相互促进的力量。于是就出现了“本土性的现代化”。也就是说，以前以为现代化只有一个模式，现在的现代化不只有一个模式，不同的国家有不同的文化的模式，那么这个模式就是在原有的本土文化上

① 方李莉：《探索非物质文化遗产保护的新高度——从“文化自觉”走向“文化自信”》，《徐州工程学院学报(社会科学版)》2011 年第 7 期。

建构的现代化。因此传统文化不仅不会和现代文化产生冲突，还会成为现代文化的发展基础。

当代的“文化自觉”最重要的不仅是重新认识自己的文化历史，还要重新认识自己文化在当今社会发展中的重要作用。我们不仅要保护我们的传统文化，更重要的是还要发展和创造我们新的文化。如何创造？要在“文化自觉”的基础上，走向“文化自信”，所谓的“文化自信”就是相信在中国的传统文化中也有许多优秀的值得我们今天重新发掘的思想。只有“文化自信”了，才有可能做到文化创新。文化向来有多个层面，一个层面是精英文化和大众文化，另一个层面是精神文化和物质文化。它们是相辅相成的，没有大众文化的发展就产生不出精英文化，同样任何精神文化都是以物质为载体的。因此，在“文化自觉”和“文化自信”中，我们既要关注精英文化还要关注大众文化，要关注民众在日常生活中所表现的创造力。数字娱乐产品的重要价值就在于，其不仅包括了中国的精英文化，也包括了中国的民间文化。[①] 它深谙大众传播心理，只有大众抑或是民众参与了，民众加以创造和推动了，它才会成为一种社会潮流，并融化成我们生活的一部分，成为中华民族“文化自觉”和“文化自信”的一部分。为什么这样说呢？如果我们有意识地去研究，去关心，就会发现，在北京的南铜锣巷、什刹海，在上海的田子坊等，到处都能看到民众在传统基础上表现出来的新的创造，新的具有传统特色的胡同文化，新的具有传统特色的服饰、家具、首饰等设计。尽管它有很强的商业意识，但在商业意识里也不妨碍萌发新的创造力。而这种创造力是建立在文化自信上的。一个国家如果没有自信，那么在做任何创造、任何设计的时候，都不会考虑自己民族的文化符号，只会崇拜外来文化。只有有了这种自信，她才会考虑自己民族的文化符号、文化特点，并将它们发扬光大，成为当代时尚文化的一部分。如果中国只有从西方搬来的时尚文化，而没有中国自己品牌的时尚文化，中国文化就不可能走向世界。因为中国文化走向世界，不是靠政治宣传，不是靠意识形态的传播，而是靠文化的传播和交流。任何文化都是要有物质为载体的，如果许多国家的人不仅崇尚中国人的文化观念、中国人的生活方式，还流行具有中国文化特点的时尚产

---

① 方李莉：《“非遗”保护新高度：从“文化自觉”到“文化自信”》，《中国社会科学报》2012 年第 2 期。

品，中国的文化就真正地走出去了，就像我们接受西方的文化和西方的时尚一样。

进入21世纪，文化作为一种软实力，在国际竞争中日益受到重视。我国传统文化的传承与发展问题也被提升到了国家战略层面，在全社会范围内引起关注。如果我们把文化产业比喻为一株快速生长的植物，那么数字娱乐产业就是这株植物的"生长部"，它的细胞分裂速度和质量，直接影响着整株植物的生长速度和质量。因此，中国的文化产业能否发展为真正意义上的现代文化产业，能否成长为自立于世界民族之林的参天大树，数字娱乐产业的发展状况将起到全局性的作用。数字娱乐产业以传播科技为依托，以影视、动漫、网游、融媒体娱乐等为发展核心，促进周边产业的发展，未来发展前景不可估量。我国传统文化历史悠久，并在国际上占据独特的地位，颇受国内外大众喜爱，这为我国数字娱乐产业发展创造了良好的文化环境。[①]

任何文化产业的市场表征都有一定的文化背景。传统文化的延续、新型文化的出现、不同文化的碰撞，都会形成一个时期独特的大众文化心理，深刻地影响受众的偏好和选择。从本质上讲，数字娱乐产业隶属于文化产业，它是新兴文化产业价值链中最具潜力的部分，在一定意义上体现了国家"软实力"。数字娱乐产业所提供的是文化产品与服务，其衍生及发展皆在满足大众精神需求。以此视角观之，数字娱乐内容折射了现代文化生活。随着改革开放深入，我国多元文化生态格局形成，其中不乏优良文化，但是也受恶俗文化的侵染。受这种环境的影响，不少数字娱乐开发商一味地追求市场占有量，为恶俗文化在网络中的渗透提供了可乘之机，忽视了自身的社会职责，给广大受众造成了不良的影响。数字娱乐产业中文化价值的缺失，限制了其向更高层次精神追求的进化，久而久之容易引起受众的负面情绪，严重时可能威胁社会和谐，这显然与我国传扬的社会主义核心价值观不符。因此，文化价值缺失势必会导致数字娱乐在历史长河中沉沦。

目前对数字娱乐产业的研究多注意其娱乐属性，对提升数字娱乐产业传播先进文化能力、展现我国"软实力"的研究缺失。探讨先进文化内核，整合中外文化资源，在产品的创意与制作中既熔铸先进文化内核又充分考虑

① 李思屈：《"创新危机"的破解与中国数字娱乐产业的发展》，《浙江社会科学》2011年第7期。

其娱乐品性和商业要求，探寻发展数字娱乐产业与传播先进文化的结合点，是学者们努力的方向。本研究将为现实文化建设提供参考价值，并且为了形成对数字娱乐产业文化自觉的正确认知，本研究以客观的态度，从文化自觉视角，理论联系实际，客观且辩证地分析中国数字娱乐产业，为中国数字娱乐产业发展提供微观审视与思路开拓。

数字娱乐产业所释放的“非意识形态化”产品不过是一种表面现象，貌似“无害”“娱乐”和“消遣”的产品中裹挟的文化价值渗透已经越来越隐蔽和难于察觉。中国数字娱乐产业亟待通过增强文化自觉来更加清楚地认识各种文化相遇之时的彼此关系，明确自身在世界文化体系的文化定位，增强在他域传播的文化认同。

本研究立足于中国数字娱乐产业文化自觉的主体责任、客观需求、目标指向、内在要求以及现实考察。从理论到实践，重点对动漫产业、数字游戏产业、数字文创等子产业进行了系统考察，细致梳理其内容，看似组成了写意的和散点透视的一幅拼图，实则形成了一副较全面完整的“数字娱乐产业”的全景图。在此基础上将基于“文化自觉”视角的理论研究落实到中国数字娱乐产业文化自觉的目标指向、方法途径这样实践性的结果上来，这是本研究的重点，其中蕴含如下深入的思考：全球数字娱乐产业发展普遍规律和各民族文化特色差异探索，比较视野下发展中国数字娱乐产业的国际经验和中国文化特色之间关系的认识和思考，在产经框架下运用产经规律发展中国数字娱乐产业与发掘文化特性之间的对立统一关系。

具有独特文化吸附能力的数字娱乐产业必将肩负文化引领和价值追求的责任，留得住的文艺精品都是远离浮躁、不求功利、呕心沥血铸就的。而这正是数字娱乐产业的发展方向。国家广播电视总局副局长张宏森曾在“2017 年中国国际数字娱乐产业大会”上强调：“目前，我国数字内容产业仍在持续增长、社会影响力不断增强。全行业都要用使命感和责任心深化角色定位，推动层级提高，保证数字内容产业的绿色发展、健康发展、高端发展和可持续发展。”

数字娱乐产业属于内容产业，是社会主义文化的重要组成部分，党的十九大为社会主义文化建设提出了一系列新要求，不仅为我国数字娱乐产业的未来发展指明了方向，而且提出了开创数字娱乐产业新局面的重要任务。

新环境、新形势下，我国数字娱乐产业必须重视文化价值重建，明确满足大众精神追求的本质目标，兼顾经济价值和文化价值。具体而言，一是我国政府相关部门应该加大网络监察力度，认真审核每一项数字娱乐产品或服务内容，一旦发现隐藏暴力、淫秽等元素时，即刻予以打击，努力肃清网络环境，提升国民精神素养。二是数字娱乐相关企业应树立高度的社会责任感，追求经济效益的同时不忘初心，兼顾文化价值创造，全方位考察经济市场，准确定位消费群体，有针对性地进行产品或服务开发，以满足大众需求。三是数字娱乐相关企业应该始终坚持社会主义核心价值观，坚决抵制不良文化信息的侵染，从源头上遏制低俗文化传播，在满足消费者娱乐需求的同时，使之体验审美情趣。四是行业协会需要充分发挥自身监管职能，不断调整和优化产业结构，严格控制准入制度，引导各企业参与产业集群化，通过聚合力占领国内大量市场份额，并为走出国门夯实基础。

百花齐放的局面是数字娱乐产业欣欣向荣的发展特征，但同时也离不开良性的市场竞争和规范化的市场引导。市场是驱动力，政策是规范度，但最重要的是企业的使命感与价值观。无论是影视、音乐、游戏还是体育，一切以传播文化为载体的娱乐平台都应始终秉持正确的价值导向，创作精品内容，传播优秀文化。

本研究通过对中国数字娱乐产业的文化自觉的客观需求进行考察，分析其文化自觉的目标指向和内在要求，反思中国数字娱乐产业发展过程中表现的一些固有思维和一些不利于中国文化传播的问题。希望通过对比世界其他国家和地区的数字娱乐产业所表现的文化自觉之道，探求中国数字娱乐产业增强文化自觉的方法和途径。

在全球化语境中发展作为文化产业“生长部”的数字娱乐产业不仅是一种产业经济的来往，更是一个文化交流的现象，涉及文化身份和文化安全的问题。文化自觉的重要意义在于引领中国数字娱乐产业改变在国际上文化认同程度低的不利地位，提升中国文化在世界范围的正面影响。帮助中国数字娱乐产业在国际化进程中，进一步理解和把握其传统性和现代性、民族性与世界性、理论性与实践性的自觉，从而指导中国数字娱乐产业树立正确的文化信心。

中国数字娱乐产业亟待增强本土文化传播以及跨文化传播的文化自

觉。首先，是要有正确、全面的文化自觉的目标指向，自觉坚守文化身份、文化态度，自觉反省民族文化、突破路径依赖，实现民族文化传统性和现代性的转换。其次，中国数字娱乐产业通过发掘、改造传统文化资源，兼容中国文化的民族性和世界性元素，创新文化符码的编解，讲好中国故事，拓展中国数字娱乐产业参与跨文化传播交流的维度，通过风起云涌的数字娱乐产业浪潮让世界了解中国文化的历史和现状，理解中国文化精神，提升中国文化在世界范围的正面影响。[①]

第二节　新时代传统文化何以赋能数字娱乐产业

国家领导人强调要讲好中国故事，展现真实、立体、全面的中国，提高国家文化软实力。这对文化产业人提出了新的要求，在这个新的时代，要激发文化创新创造活力，做好民族文化的精准阐释，让中国优秀的传统文化鲜活起来。

一、传统文化的当代传播价值

对传统文化进行现代化的开发，首先要对传统文化的当代传播价值予以确立。笔者认为，由于文化产业同时具有双重属性，即精神属性和商业属性，因此，围绕传统文化展开的传播行为也同时具有双重价值，即文化价值和经济价值。

（一）文化价值

1. 促进文化保护及延续性

文化是动态演变的人类社会现象，任何一种文化都具有历史传承性，任何一个民族文化的持续发展都是在既有的文化传统基础上进行的。共同的文化传统是建立民族共同体的基础，否定传统，隔断历史，民族的精神

① 李婷：《中日美动画影像风格形塑——兼论华莱坞动画电影的破壁》，《当代电影》2016年第9期。

家园就没有依托。[①] 中华文明是世界四大文明中唯一没有断流的一支，它是中华民族几千年来共同创造的文化遗产，是中华民族的生存之本、发展之根。保护好、传承好、利用好中华优秀传统文化，是对我们的文化发展历程和未来形成充分认识的必然要求，也是保护人类文明多样性的必然要求。

中国传统文化特别强调“通”和“化”，当代文化产业也要在传统的静水流深的给养下，于时代中觅得新生。积极运用先进的数字化手段，做好传统文化的现代化传播工作，是传统文化有效诠释、展示与传播的需要，是树立文化认同、提高全民族文化自觉和自信的需要。

2. 保障公民合理文化权益

文化作为一种人类独有的特殊精神活动，在诞生之初曾被视为少数人的特权。以阿多诺、霍克海默为代表的法兰克福学派以强烈的精英意识批判大众文化，认为大众文化以平面化、机械化、复制化的方式从本质上消解了艺术和美，使人成为“单向度的人”。因此，他们认为，文化应该为少数精英阶层所享有，只有少数人能享受文化带来的精神愉悦。法兰克福学派的另外一位代表人物本雅明却在著作《机械复制时代的艺术》中提出，复制技术的出现使得艺术的普及和大众化成为可能，欣赏艺术、感知艺术不再是上流社会少数人的特权，而是可以被社会中大多数人所共同享有的普遍权利。伯明翰学派也从这一角度出发，强调文化应该是所有人的共同权利，人人享有学习文化、了解文化、享受文化的权利。

进入21世纪，随着生活水平的提高和平均收入的增长，马斯洛的需求层次理论中提到的更高层次的精神需求在人民群众的日常生活中占据越来越重要的位置。十九大报告中强调，目前，我国社会的主要矛盾已经转化为人民对日益增长的美好生活的需要和不平衡不充分的发展之间的矛盾。这意味着，在全面小康即将到来的当下，人民群众心目中的美好生活不再仅仅是物质需要的满足，而是包含着更多精神层面的满足。生产更多人民群众喜闻乐见的优秀文化作品，保障公民合理文化权益，是全面建成小康社会在文化领域的重要体现。

---

① 秦宣：《关于增强中华文化认同的几点思考》，《中国特色社会主义研究》2010年第12期。

3. 提升国家文化软实力

“软实力”是20世纪90年代美国哈佛大学教授约瑟夫·奈(Joseph Nye)提出的概念。区别于直接的军事和经济力量构成的硬实力，软实力是一种“柔性力量”，由间接的文化吸收能力构成，主要包括价值观、文化和外交政策。一国获得这种软实力的前提是该国的文化能够在国际社会获得认同，从而对他国产生吸引力和感召力。民族的优秀传统文化作为一种文化符号在全球化传播和文化软实力塑造中有着重要作用，因为“(文化)符号不仅是审美的装饰，而且是社会组织的首要动力”。

因此，文化是中华民族屹立于世界民族之林的根基，是推动国家发展进步的内生动力和精神支撑，是中华民族伟大复兴的本质所在。丰富的传统文化资源无疑为我们的文化产业发展提供了前提，创新传统文化的传播方式，建立现代传播体系，是将文化资源转换为文化资本，进而提高国家文化软实力，使之与中国的经济大国地位相适应的必要举措。

(二) 经济价值

1. 发展文化产业，促进经济增长

布尔迪厄(Bourdieu)在《资本的形式》中将资本划分为三种形式，即经济资本、文化资本和社会资本。布尔迪厄认为，文化也是资本的一部分，也能创造经济效益，在社会场中，资本的积累，特别是文化资本的积累，往往决定了竞争的成败。传统文化作为一种文化资源，可以在向文化资本的转化中产生巨大的经济效益。所谓文化资源资本化，即挖掘潜在的可产业化的文化资源，通过市场运作的方式，完成文化资源的价值递增和可持续化开发，从而转化为现实经济优势，实现文化资源潜在经济价值向现实经济价值转化。

中国是一个文化资源大国，但文化资源大国不等于文化产业大国，成为文化产业大国的关键还在于实现文化资源向文化资本的转化，使凝聚着中华文化精魂的优秀传统文化可以延伸向更广的未来，在产业化的过程中激发积聚千年的活力。运用创意的力量赋予传统文化新的时代内涵，并借助现代科技手段予以形象化展示，不仅有利于传统文化资源的活化创新，而且有利于将丰富的文化资源转化为雄厚的文化经济，形成中国特色的文化品

牌,实现文化产业经济的良性循环。

2. 保障全民就业,促进社会稳定

文化产业作为具有巨大发展潜力的朝阳产业,产业范围极为广泛,具有很强的就业吸收能力,被誉为吸纳就业者的“蓄水池”,不仅能够扩大就业数量,还能提高就业质量。首先,文化产业门类众多,就业形势灵活多样,适合从高级研发者到民间传统手工艺者等不同群体就业。其次,文化产业的关联效应强,能够带动与其相关的一系列产业的发展,从而形成庞大的就业市场。最后,文化产业就业环境好,发展空间大,更有利于劳动者实现自我价值追求,能够大大提升就业质量。

在我国,很多文化资源集中在边疆、民族、乡村地区,在这些地区大力发展文化产业,对传统文化进行现代化的开发,不仅是延续民族记忆的重要方式,而且也带来了丰富的就业机会。

二、传统文化数字化传播的现实可行性

(一) 技术支撑:高新科技奠定根基

2016 年 8 月 8 日,国务院正式印发《“十三五”国家科技创新规划》,围绕建设创新型国家和世界科技强国,对我国未来 5 年科技创新做了系统谋划和前瞻布局。随着“文化强国”战略的提出,文化与科技的融合日益紧密,我们看到文化产业发展的更多可能性,新一轮变革与创新即将到来。2019 年被称为 5G 商用元年,5G 及相关支撑技术的应用,将为文化产业开启一个万物互联的全新时代。从产业链条的各个环节来看,文化产业的内容生产、传播流通和文化消费,都会因此注入更多的科技含量。大数据、VR 技术、AR 技术、人工智能、区块链技术、新材料等在文化领域的应用,会带来更新的媒介和渠道,这将会是新时期中华文化传承与输出的重要推动力量。

在对传统文化进行开发的过程中,新技术的应用将会大大丰富其内容和表现形式,5G 将改善各种新的沉浸式和互动技术的体验,释放 AR、VR 和新媒体的全部潜力,未来,人们将可以通过移动智能终端,身临其境地体验不同类别的传统文化资源。2020 年,故宫和华为展开合作,着手打造“5G 智

慧故宫”。新技术的应用，将会大大提高景区的接待服务能力，带来更加丰富的旅游体验。未来，远在世界各地的观众能够随时身临其境地体验到实地参观故宫的乐趣；更高速的网络服务和高清的视频内容为游客带来了便捷的信息服务；文物出入库、修复、运输、展览的全流程实现随时随地的安全监控；远程考古、智能修复成为可能。同时，5G 技术为数字化信息的高速传输创造了条件，促进了生产要素与产品的高效流通，为数字内容的传播提供了更多元化的方式。

（二）环境保障：政策法规相继出台

政府政策是传统文化传播的助推器，在顶层设计层面对传统文化的现代化开发方式予以明确，对传统文化的传承与传播具有重要的推动作用。近年来，我国出台了一系列政策，促进传统文化的传承与输出，建立中华优秀传统文化现代传播体系的重要意义已在国家政策层面确立。从 2017 年开始全面实施的《“互联网＋中华文明”三年行动计划》，鼓励社会力量与文物博物馆单位深度合作，最大限度地开放文物资源，加强数字化展示和文创产品开发，完善企业支撑体系，进一步弘扬中华文明。2019 年印发的《关于促进文化和科技深度融合的指导意见》则进一步明确了文化与科技深度融合的发展方向。在即将出台的《文化产业促进法》中，明确提出了国家重点鼓励和支持创作的优秀作品，其中包括“传承中华优秀传统文化，继承革命文化、发展社会主义先进文化”，草案第二十条指出，国家鼓励和支持深入研究阐释中华文化的历史渊源、发展脉络、基本走向，传承中华优秀传统文化，构建有中国底蕴、中国特色的思想体系、学术体系和话语体系，推动中华民族文化基因与当代文化相适应、与现代社会相协调。

这些政策法规的相继出台，为传统文化的数字化传播提供了良好的政策环境，极大地带动了社会的关注和资金的流入，有利于“文化科技”的持续健康发展。

（三）市场需求：消费热潮倒逼升级

我国拥有 7.72 亿网民，超过全球平均水平 4.1 个百分点，他们是最为活跃的文化消费群体，对基于互联网的新业态、新产品有广泛的诉求和购买力。不仅是线上，近年来，诸如红色旅游、乡村旅游等文旅融合新业态也在蓬勃发展，文化产业在国民经济中的支撑作用愈发明显。在消费升级的浪潮下，日渐旺盛的文化需求正倒逼文化产业作出更新调整。

中国作为一个拥有五千年历史的文明古国，其文化产业的发展必然要从传统中获取能量。第四届腾讯峰会上发布的《在数字生活中拥抱传统——2019数字新青年研究报告》显示，受访青年中有近九成对传统文化感兴趣，他们喜爱跨界碰撞的文化形式，愿意了解并参与传统文化的创新化表达之中。在当今的文化市场中，我们也很容易感受到受众持续火热的文化需求。纪录片《我在故宫修文物》在央视首播一个多月后，在“90后”“00后”聚集的弹幕视频网站走红；疫情期间，人民日报客户端携手全国各大博物馆、科技馆推出的“奇妙漫游云逛展”活动在微博上引发了极大的关注，使得“云逛馆”成为一股时尚潮流。由此可见，跨越千年的传统文化即使在今天仍然不缺乏强大的吸引力，缺的是使传统文化重获新生的创意与想法，旺盛的需求端市场正在倒逼文化领域供给侧改革的发生。

三、中国传统文化的数字化传播模式

伴随着数字化技术的快速发展与不断创新，以多种数字化技术作为媒介和渠道构建的新型文化形式，打造了一个全新的文化生态，数字化技术也被运用到传统文化的传承和输出之中。越来越多的国家和地区开始致力于探索用数字化的方式保护与传承自己的传统文化，传统文化得以充分利用数字化技术的优势获得新生。数字化指信息(计算机)领域的数字技术向人类生活各个领域全面推进的过程，包括通信领域、大众传播领域内的传播技术手段以数字制式全面替代传统模拟制式的转变过程。数字化的进程使传播格局和传媒自身发生了重大变革，新的传播方式正在重塑信息的传受过程。[①]

传统文化的数字化传播是指采用数字化的采集、存储、处理、展示、传播等技术，对传统文化内容进行加工，并借助各种新兴媒介渠道实现信息的触达，从而大大丰富了传统文化的展示手法和传播方式。主要方式有：一是将

① 闵大洪：《数字化时代与数字化传媒》，《中国传媒科技》2001年第11期。

传统文化元素融入数字内容产品的设计之中，如数字游戏开发；二是采用数字化手段对传统文化资源进行展示，如数字博物馆建设、影视节目开发；三是以新兴媒体平台为载体的整合营销传播，如两微一端平台建设、数字媒体装置展示与体验等。通过这种数字化手段，一方面可以实现由专家视角向观众视角的转变，使得大众可以凭借数字化工具对传统文化有更加深刻的认知；另一方面可以利用数字化的优势揭示传统文化的多方位本质，在传统与现代的连接中探寻"根"的魅力。

（一）影视节目开发

过去，电视媒体平台作为传统文化传播的重要载体，产生了一大批具有特色、主题丰富的传统文化节目。如今，传统文化的影视节目开发开始借助各种现代化的融媒体平台和工具，为受众营造更为丰富的文化体验。

1. 纪录片

纪录片是在传统文化传承和发展中常见的一种媒介手段。近年来，越来越多的纪录片制作机构加强了对文化题材纪录片创作的投入，推出了大量的优秀作品。

2012 年首播的《舌尖上的中国》至今已拍摄到第三季。将内容与视角聚焦于中华饮食的独特性，关注中华饮食的流变，"舌尖"系列美食纪录片使许多如今工业化背景下难以见到的饮食场景重新回到观众的视野中。西湖边泛舟摘取莲藕、长白山采集松茸，唤醒的是食材采集的历史记忆；手工序列妈妈牌腊肉、年糕泡菜的制作，则是在挖掘可能消失的历史记忆的同时，传承中华美食的独特制作。在许多传统的饮食文化被现代化吞噬的当下，"舌尖"系列为我们重构了那深藏在中国人记忆中的文化意象。正如台湾学者王文正所言："意象有一种'暗示性'，在艺术的表达上，有意识或无意识之中将意象加诸表达当中。"舌尖系列美食纪录片能够将消失的记忆蕴藏在美食的意象之中，这才是美食纪录片传播内容的价值所在。

近年来文化题材纪录片的火爆也逐渐在文博领域开启，引发了一场"博物馆热"。系列纪录片《如果国宝会说话》采用了全新的视角，从冰冷的文物中发掘历史文化内涵，并且营造出"纪录片创作—博物馆推广—观众游客参与"的文化领域深入融合的态势。《我在故宫修文物》关注传承传统技艺的故宫文物修复工匠，通过贴近生活式的拍摄手法，成功地呈现他们身上蕴含的工匠精神和生活态度。在此之后，越来越多的纪录片开始把视角转向平凡的生活，用真诚的镜头语言将中华大地上多姿多彩的文化故事娓娓道来。

2. 综艺节目

传统文化类综艺节目早在 20 世纪 90 年代便开始崭露头角，直到近年来，各种流行元素的融入使其逐渐成为荧屏上的一大亮点。传统文化类综艺节目是指以中华传统文化作为节目的核心内容，节目形式兼顾文化性、互动性与娱乐性，以弘扬民族精神、传承传统文化、进行文化教育为主要目的的一种综艺节目分支。

传统文化类综艺相较于其他综艺节目、文艺节目来说，更加关心如何通过电视节目用寓教于乐的方式将中华传统文化知识、民族精神、传统美德等具有中国气质的内容渗透到更多的人群中。《中国诗词大会》为中国古典诗词找到了一条复兴的道路，在电视荧屏上追寻“文化原乡”，在唐诗宋词中激活文化记忆，一股“诗词热”给人们留下深深的思考。《神奇的汉字》聚焦中国汉字文化，通过轻松的汉字游戏和详细生动的汉字讲解，对汉字追本溯源，使青年人对凝聚着中国文化精魂的一笔一画有了更深的了解。

2019 年，北京卫视提出“新国潮”概念，聚焦传统文化的传承与创新，推出一系列兼具文化底蕴与时尚感的国潮综艺节目。在节目叙事方面，《我在颐和园等你》借用“苏州街”的运营理念，为颐和园打造出更多的“网红打卡地点”；《天坛》则通过职业真人体验和文创文化内容呈现相结合的方式，邀请艺人嘉宾和商业大佬一起到天坛的各大管理部门进行沉浸式体验工作；《了不起的长城》立足户外真人秀，在国际化团队共研下融入竞技元素，赋予了长城新的活力。除了节目内容的处理外，如何针对不同的平台提出定制化的营销策略也是当下文化类综艺节目需要考虑的问题。《上新了·故宫》积极打通各渠道平台，延长综艺节目的产业链，提高文化内容变现能力，具有极强的行业生态意识。受众可以在今日头条国风频道参与“故宫定制专区”的互动活动，进行创意投稿、文创投票等，也可以在淘宝网店购买节目中同款的定制新品。这些探索，为当下传统文化类综艺节目的跨平台内容营销提供了积极有益的借鉴。

（二）短视频开发

作为当前最热门的信息传播和社交渠道，短视频正逐渐成为社会传播生态变革的中心，5G 时代，技术的变革将进一步释放短视频的发展潜力，大大增强其表现力和传播效果。在这个信息碎片化、阅读视频化的时代，短视频的兴起也为传统文化提供了一种有效的传播载体，将厚重的文化打碎重组，以一种润物细无声的方式对受众进行美的熏陶。

以抖音为例，汉服红人@娜娜的一段 15 秒汉服展示视频，在发布短短三天内就获得了 800 万点击量，被转发三万余次。创作者在视频中着一身“般若”汉服逆光奔跑，华美的汉服与唯美的背景音乐巧妙地融合在一起，使得整个视频具有极强的观赏性。事实上，凭借庞大的用户群体，抖音上的文化传播活动常常能得到全民参与，获得很高的社会关注度，收获显著的传播效果。“笑出国粹范”挑战吸引了 93%的“90 后”用户参与，他们在京剧大师王珮瑜的带领下主动探索京剧中“笑”的种类，一起领略国粹魅力所在。

知名短视频博主李子柒凭借一系列高质量的山间农耕生活视频，使“中国故事”成功落地不同的文化语境，让世界听到中国声音。楼宇烈先生曾指出，“与西方文化相比，以人为本的人文精神是中国文化最根本的精神，也是一个最重要的特征。”李子柒的作品没有采用以往文化传播过程中的宏大叙事，而是以平实细致的镜头语言讲述一个普通人的日常生活。种下黄豆制作酱油，砍来竹子做成沙发，她用一整年的时间等姜成熟，然后将它们做成红糖姜枣膏等食物。在快节奏的生活中，她所传递的正是一种蕴藏在世世代代日常生活中、点点滴滴人生经验里的民间智慧，是一种塑造了中华文化的人文精神。优秀的内容生产加上贴合用户信息获取习惯的传播形式，使得遗落于乡野的农耕文化重返大众视野，实现了强大的传播效果。

（三）数字游戏开发

作为互联网时代的流行文化代表之一，基于现代科技的数字游戏，能够同时容纳图像、视频、声音、文字和互动技术，从而得以成为文化的高密度载体。同时，凭借其特有的沉浸式体验和高度的互动性与激励感，游戏能够更好地聚焦受众注意力，使得其具备更为高效率、高渗透的传播能力。如今，数字游戏已经成为一种常见的大众娱乐方式，作为文化产业的重要组成部分，在“文化强国”战略深入发展的当下，突破单纯的娱乐属性，在文化维度赋能民族传统，创造更多的社会效益是产业发展的必然要求。放眼当今游戏行业，可以发现，中华优秀传统文化已经成为网络游戏取材的重要来源，许多网游公司都推出了与传统文化紧密结合的网游，从多方位推进对传统文化的传承与创新。

2003年，网易推出以《西游记》为背景改编的大型多人在线角色扮演游戏《梦幻西游》，成为一代人的童年记忆。此后，各种“三国”“西游”题材的网络游戏开始涌现。它们大多是以中国古典小说支撑起游戏的故事架构和人物设计，并在服装、道具、场景等美术设计中融入中国传统文化元素，以营造出整体的中国风游戏风格。在这方面完成的最出色、影响最大的网络游戏要数《剑网3》。从玩家最初加入游戏的门派选择开始，就可见游戏开发团队的巧妙构思。“纯阳”“万花”“七秀”等十二个门派的取名都融入了传统文化元素，且每个门派都有各自的历史渊源，门派故事与唐朝的历史紧密相连。苍云门派取自李世民组建的玄甲苍云军，七秀门派则来源于“七秀十三钗”的江湖传说。不仅如此，每个门派还配有各自的门派诗，如纯阳的“昆仑玄境山外山，乾坤阴阳有洞天。只问真君何处有，不向江湖寻剑仙”，中华文化的魅力在这里得到了淋漓尽致的体现。

事实上，不仅是传统文化题材的游戏作品，许多有责任感的游戏开发团队正秉持着高度的文化自觉，将传统文化元素融入各种类型的游戏作品中，唤起用户共同的文化情感。以《王者荣耀》为例，作为一款即时对战游戏，其游戏背景设定为架空的“王者大陆”，人物姓名虽然取材自历史，但其历史背景和人物经历并无挂钩，一度被批评以轻佻的态度对待古人。近年来，《王者荣耀》在游戏的设计中开始致力于传承与传播传统文化与地方文化精髓，与敦煌研究院合作研发的“飞天”系列游戏皮肤，一经推出便广受玩家喜爱，在游戏中的使用率达到了82%，还有京剧、越剧、昆曲系列皮肤，都以精致的视觉设计引领玩家在游戏中感受一把传统文化之美。

（四）数字博物馆建设

博物馆是承载民族文化记忆的重要“容器”，作为社会公共文化基础设施的重要组成部分，具有征集典藏、陈列展示、科学研究、教育传播等基本职能。数字博物馆利用现代信息化技术对馆藏文物的图像、文字、声音、影像等多媒体信息进行收集和数字化处理，将分散于不同载体、不同地域的数字化信息资源以网络化方式连接起来，实现资源共享，是保护和传承中华优秀传统文化的重要传播媒介。当前，在新技术的助力下，数字博物馆建设展现出许多新的变化。

1. 数字化展示

展示是博物馆的核心功能之一，数字博物馆建设的关键就在于实体展品的虚拟化，即博物馆的数字化展示。目前，数字博物馆的线上展示形式以图文信息或音视频为主，随着三维数字可视化技术的应用，虚拟实物的展示形式将会得到进一步丰富。

三维数字可视化技术是指通过人力获取物体的各种数据信息，并将这些数据信息通过三维建模的方式进行整理，再将单个模型进行拼接组合，经过三维软件进行贴图制作、灯光布局、批处理渲染、后期合成。三维数字可视化技术可以应用于文物保护中，通过 3dmax(3ds Max)等三维建模手段建立三维实物或模型数据库，从而更加科学地、高精度地、永久地保存文物。同时通过计算机网络来整合文物资源，并在大范围内利用虚拟技术，更加全面、生动、逼真地展示文物，实现文物实体与信息的分离，从而使文物脱离地域限制，实现资源共享。

纽约大都会博物馆的亚当像修复工作就应用了这种数字化技术。由于被摔碎的亚当像是大理石材质，直接粘贴可能会导致某些部位无法承重，从而造成二次破坏。因此，专家将每一块细小的碎片分类、编号，全部用数字的方式扫描下来，并利用计算机测算，最终完成了修复工作。

2. “两微一端”平台运营

“两微一端”指的是微博、微信及 APP 客户端，是新媒体发展过程中产生的公众参与博物馆活动的新途径，以年轻的视角对文物背后的内涵进行深层次的挖掘，并通过活灵活现的形式予以展现，为国家级文物“圈粉”无数。通过微博微信平台，定期发布博物馆展览、演出、讲座信息，大大拓宽了博物馆的信息传播渠道，扩大了博物馆的影响力。《国家一级博物馆运行评估指标体系》中，对微博的开发与运营已经成为受到重视的因素之一。在博物馆 APP 的建设上，馆方通常提供线上观展和线下信息查询两方面的功能，线上观展功能通过互动式的体验进一步拉近了游客与文物之间的距离，信息服务方面则通过灵活且准确的服务设计实现预测化、智能化和个性化的服务体系。

“网红”故宫在“两微一端”的运营上已经形成了丰富的产品矩阵。目前，故宫已实现了微博平台层面的体系化发展，根据不同内容的推送开办了数个不同的微博账号，针对微信用户也提供了各种资讯类公众号和互动小程序。在APP上有文物与游戏相结合的《皇帝的一天》、带来视觉与听觉双重享受的《胤禛美人图》、多功能的数字展览平台《故宫展览》等10余款产品。这些产品在传统文化的传播过程中起了至关重要的作用，大大提高了故宫馆藏资源的使用效率和社会服务能力，使得更多的民众有机会参与故宫文化的体验。

（五）数字媒体装置艺术

数字媒体装置艺术指的是一种与新媒体技术进行有效融合而产生的装置艺术，在传统装置的自然材料的基础上，使用计算机技术语言、计算机式的思维及人机交互的方式合成，大大丰富了艺术品的表现力，带给观众交互式的全新审美体验。这些新媒体技术主要包括虚拟现实技术、增强现实技术等。

1. 虚拟现实技术

虚拟现实技术（Virtual Reality，VR），又称为灵境技术，能够通过计算机生成一个高度模拟现实世界的虚拟环境，从而给人带来身临其境的沉浸式体验。虚拟现实不仅具有人类感知功能，如听觉、视觉、触觉、味觉、嗅觉等，还具有超强的仿真系统，真正实现了人机交互，使用户在操作过程中能够随意与周围物体进行互动并得到环境最真实的反馈。VR技术与传统文化有很强的互补性，通过VR技术创建一个对传统文化进行表达的虚拟现实世界，一方面，可以突破时空限制，催生新的传播场域，使得传统文化在世界上任何一个角落落地；另一方面，可以增加其可操作性与娱乐性，在沉浸式的体验中激发受众的兴趣。

在第十三届北京文博会上，北京展区推出了京杭大运河VR展位，观众佩戴VR设备后，能够置身于广阔的历史长河中，邂逅千年运河的前世今生和人文故事，感受 VR 技术带来的奇幻体验，领略运河文化的独特魅力。这次文博会上，许多展位都运用了这项虚拟现实技术，可以预见，未来 VR 技术将与传统文化产生更深入全面的结合，擦亮世界认可的国家文化符号，彰显中国精神、中国力量和中国价值。

2. 增强现实技术

增强现实技术（Augmented Reality，AR），也被称为混合现实，它能够将原本在现实世界的一定时空内很难体验到的实物信息通过计算机技术，模拟仿真后再叠加，使虚拟信息融合在现实环境中，从而达到超越现实的感官体验。AR 技术同样具有较高的互动性与参与性，能够赋予古老的传统文化以科技的活力。①

如今，AR 技术已被运用于许多博物馆文创产品的设计中，如圆明园 AR 卡片、恭王府 AR 卡片、兵马俑 AR 卡片等。用手机扫描这些 AR 卡片，即可在屏幕中获取文物的三维模型，并伴随声音、文字和特效等，使得文物能够真正走进千家万户，走进人们的生活之中。2019 年，腾讯首款 AR 探索手游《一起来捉妖》牵手五大博物馆，结合其馆藏珍宝创造出全新的"万物之灵"，通过活灵活现的游戏形象唤起用户对传统文化的关注。

四、传统文化数字化传播的传播特点分析

（一）内容特征：年轻化表达打通文化内核

1. 用户本位下的共通意义空间

每一个时代都会有每一个时代喜闻乐见的艺术形式，以承载和积淀人们的生活感受。传统文化在发展过程中，不免会出现传播形式"陈旧"的问题。在新的传播语境下，要做好传统文化的传播工作，首先需要对传播场域的话语体系形成深刻的理解，并根据这些话语元素对传统文化的传播文本进行解构和再编码，运用年轻化的符号表达，打造一个与受众共通的意义空间。从文创到网综，从游戏到电台，从纪录片到短视频，今天传统文化的呈现方式早已不仅仅是橱窗中的精致文物和古籍中的历史故事。它可以凭借

① 李波：《单目视觉三维重建与行为识别关键技术研究》，博士学位论文，西北工业大学，2018 年，第 37 页。

自身的历史厚重感和故事性被开发成丰富多样的内容产品，也可以化作具有独特美学风格的元素融入产品设计中。从故宫联名口红迅速售罄到“紫禁城上元之夜”一票难求，在多样化的产品开发布局下，故宫作为当今最炙手可热的文化大IP之一，无疑已经成为年轻人心中新的潮流符号。

2. 技术升级下的全新视听表现

5G的应用大大释放了过去因为传播速度而受到限制的各种科技潜力，VR、AR等技术的应用赋予了传统文化新的表现形式，以更加生动的视听语言讲述了中国故事。2017年开始，腾讯与敦煌研究院达成战略合作，致力于探索全新的传统文化数字体验，“云游敦煌”小程序上线10天便突破100万用户，在线“云游”成为许多人了解敦煌的新窗口。“今日画语”功能打造了一幅幅生动的有声壁画，为人们提供随身随地“声”临其境的文化体验。最新推出的动画剧板块更是以最新潮的方式讲述流传千年的壁画故事，为受众带来沉浸式的感官享受。科技与文化的融合，不仅提供了更加丰富的表现形式和内容生产方式，而且也丰富了传统文化的内涵，使得这种“有意味的形式”得以承载新的生活感受。

（二）传播策略：新媒体助力实现内容触达

1. 多渠道的内容营销

在信息爆炸的互联网时代，优质的内容产出固然重要，但“酒香还怕巷子深”，数字化开发下的传统文化内容产品要深入人心还需要通过多样化的营销推广手段拓宽文化传播渠道。

故宫淘宝的卖萌营销让几千年前的文物迅速变成了“网红”，腾讯在与各大文博机构的合作中积极携手流量明星，尝到了粉丝经济的甜头，《上新了·故宫》则借助微博微信平台积极进行热点营销，通过有趣的软文、配图、表情包等，增强整个产品的影响力。在繁乱的信息流中，只有充分挖掘自身话题元素，结合网络热点话题，针对网络的多元情景进行整合营销传播，才能获取用户的注意力。

2. 沉浸式的场景思维

当前，场景化思维已经深入各行各业，也为文化产业带来了一系列新的变化，在特殊的场景衬托下，传统文化的深厚底蕴得以发挥出更好的价值。

大型文博探索节目《国家宝藏》将话剧舞台的质感完美嵌入综艺节目模式之中，以小剧场的形式，通过场景构建与场景更替，倾情演绎了“大国重器”的前世今生，一经开播便在豆瓣拿下了9.3的高分。传统文化的场景化传播，还体现在文化展示的空间设计中，这些空间成为一种特殊的大众传播媒介，通过对特定历史语境的再还原，在受众沉浸式的体验中传达更加强烈的文化认同和情感共鸣。例如，苏州博物馆采用了江南水乡的风格呈现，上海邮政博物馆则是以上海滩旧时洋建筑的形式呈现，利用场景的打造为受众的文化体验更添一份历史厚重感。

（三）受众分析：情感机制下提高用户黏性

1. 文化认同下的主动参与

中华传统文化经过几千年的代际传承，承载着中华民族共同的记忆，具有产生社会共鸣和心理认同的传播基础。随着生活条件的改善和收入的增长，人们的精神文化需求愈发旺盛，而传统文化正是为我国文化产业发展提供了宝贵的内容资源。我们的传统文化内容之所以具有强大的生命力和巨大的市场潜力，就在于在传统文化的沃土中成长起来的中华儿女，内心深处拥有了解认知传统文化的渴望和对文化自觉与文化自信的导向。传统文化的创造性开发不仅满足了受众对优质文化产品的需求，更激发了其民族自豪感，增强了其民族自信心。例如，“哪吒闹海”是中国家喻户晓的古代神话，20世纪上海美术电影制片厂以此为故事蓝本制作的《哪吒闹海》给世界留下了深刻的印象。现代科技的发展给动画作品带来了更多的可能，《哪吒之魔童降世》的改编再次唤起了一代人的童年记忆，本土化的元素、精良的制作，再加上中国人特有的情感、价值内涵所引发的认同和共鸣，让国漫崛起再次成为讨论的焦点，也吸引了大批年轻人参加到电影的自发传播中，产出了大量同人文、同人漫画等衍生作品。

2. 娱乐视角下的互动传播

从传统文化的文本特征来看，由于其知识性和专业性较强，采用传统的书籍、报纸、纪实影像等方式进行呈现，往往容易使受众产生疲劳感和距离感，并且对受众文化水平也有一定的要求，这就导致其传播效果有限，受众往往无法准确解读其中的文化内涵。因此，在传统文化的传播过程中，应当更多地从受众追求愉悦体验的情感诉求出发，努力将历史的厚重感与现代表达的趣味性相结合，满足并激发传播平台受众的多元化诉求。如今，信息传播早已突破了主体的限制，由过去的单向传播变成了现在的互动式传播。[①] 用户能够通过线上社交平台参与互动话题，或享受更多的体验和服务，从而产生情感连带达到情感的高度集中，进而表现出对产品和品牌的黏性特征。另外，这种互动体验也逐渐向线下延伸，为传统文化的数字化展示提供了新的思路。例如，由人民日报新媒体中心打造的"有间国潮馆"就采用了互动体验的形式。在"天工开物"主题展区，用户用手触摸"星空"，一个个惟妙惟肖的甲骨文图案便浮现出来，用户可以寻找属于自己属相的甲骨文。这种互动形式既满足了用户的好奇心与参与感，也进一步强化了"有间国潮馆"的传播效果。

近年来，数字化技术在传统文化的应用上已经涉及方方面面。可以说，数字化科技提升了中华文化的传播效果与影响力。具体审视表现如下：

一是数字化科技拓展了中华文化表达的空间。新技术在描摹、记录、呈现、传播、弘扬、振兴中华传统优秀文化中，可以创造性地转化和创新性地发展，赋予文化新的生命力。

二是数字化科技拉近人与文化的距离。现代信息技术包括计算机图形、计算机视觉、无线和移动计算、视频处理、机器人、人机交互、行为科学、材料研究等，这些研究成果将人与文化的距离拉近，3D 触感算法、魔法手环、光线追踪渲染软件、Hyperion、LED 灯通信技术等高新科技，将人类带入一个沉浸式的文化娱乐世界。

三是数字化科技提升文化感知的温度。科技是冰冷的，文化是沉寂的，而"科技＋文化"却让文化复活、灵动起来，虚拟现实技术 AR 和 VR 等人工智能将从根本上改变人类的文化娱乐体验，也创造了更多的个性化体验。

抛开数字娱乐产业光怪陆离、五光十色的绚烂表现，我们发现传统文化数字化传播的底层逻辑不外乎如下两点：

(1) 进行文化暗合：创新方式传承传统文化[②]。

数字娱乐产业如何传承传统文化？通过精选经典的传统文化内容完成

---

① 何锦：《从传播学角度分析"有间国潮馆"的爆红》，《新闻研究导刊》2019 第 6 期。

② 魏婉琳：《〈故宫日历〉开拓传统文化图书出版新思路》，《中国编辑》2018 年第 3 期。

文化嵌入。数字娱乐产业各子产业，如短视频、动漫、游戏、数字文创和文博为这个问题提供了一条崭新的道路，即进行文化暗合应用，强调内在符号意涵，从而打造大众追捧的产品，以大众喜闻乐见的创新方式将传统文化有效输出。文化暗合指“将文化充分嵌合进产品，并使产品所传达文化和精神与受众心理诉求完美契合”的过程。在数字娱乐产品化和商品化的过程中意味着不仅要注入文化元素并且要暗合消费者的精神诉求和引导消费者身心娱乐需要。在传媒之外的行业纷纷采用文化暗合增加产品附加值的趋势下，文化产业更要在原本文化知识传播的基础上满足读者对高尚文化精神的诉求。这就要求从业者在关注优秀传统文化，追求文化元素的高端化和精致化的同时，还要积极思考如何在产品打造行为中更加巧妙和自然地融入传统文化，在体现自身特色风格的同时调动读者关注、阅读传统文化的热情，满足消费者通过出版物体现自身审美品位，获得文化认同等诸多心理诉求。

(2) 提供文化体验：技术运用塑造仪式感。

正如麦克卢汉所言：“当一种技术或媒介被较新的媒介所取代时，它虽已过时，却不会消失；相反，它常常会变成一种艺术形式或怀旧之源。”传统的媒介形态在正式被新的媒介取代之前，有相当大的空间叠加演进。跨入2020年，我们已经站在了5G的门槛上。数字科技的发展给传统文化的传承和发展带来了新的机遇。当文化根脉得以代代相传，中华民族之魂才可谓生生不息。而借助“科技鲲鹏”的翅膀，中华优秀传统文化正在焕发崭新的生命力。

从形式上来说，声音、图像、文字都已经可以做到在保留原有艺术手法的前提下实现高度融合。随着云端大数据和互联网直播的发展，数字科技能够实现的形式越来越多样化，手段越来越便捷化，同时也为传统文化的保护和传承打开了一扇新的大门。

比如敦煌莫高窟，就率先推出了“数字敦煌”计划，将敦煌石窟和壁画数字化保存，搭载云端科技，使得大家可以轻松获得一手权威系统知识。而故宫博物院也上线了数字文库，点开网页的一瞬间，就仿佛推开了故宫藏宝库的大门。

相信很多人都对世博会上的《清明上河图》记忆犹新。200平方米高清巨幕搭配全景数字技术，实现了动态的昼夜交替，千年前的繁华景象重现眼前，谁能不为之震撼？近日敦煌博物馆又再次借助华为的最新人工智能河图技术，让栩栩如生的九色鹿在莫高窟标志性建筑“九层楼”广场跃动，游客站在莫高窟外，竟然就可以获得身临其境的体验，这些本已经有些破损和褪色的传统文化穿越了千年时光，再次让人感叹艺术之美。

第三章

传统文化在动画产业中的创造性转化

2017 年 1 月，国务院发布《关于实施中华优秀传统文化传承发展工程的意见》，对中华优秀传统文化传承发展工作首次进行了专题阐述。文件提出，“坚持创造性转化和创新性发展，使中华民族最基本的文化基因与当代文化相适应、与现代社会相协调”。传统文化是一个国家、民族传承和发展的根本，在当下的时代背景和社会环境中，优秀传统文化的继承不能够采取直接照搬照用的方式，而应有科学的心态与积极的行为，传统文化应与发展现实文化有机结合、应与当下的时代语境对接、应产生当代价值与意义，从而实现创造性转化与创新发展。

传统文化是动画艺术的重要养分来源，在动画产业发展中，充分挖掘和利用民族传统文化，从动画题材的吸收与创新、动画形象与品牌的塑造、营销宣传渠道的打造等方面实现民族化，是实现传统文化创造性转化的重要策略。

动画产业是数字娱乐产业中最具发展潜力的子产业之一，肩负着传统文化传承和国家实力建设的重大责任。我国传统文化多姿多彩，内蕴深广，价值丰厚，是动画产业的根基和源泉。综观美、日、韩等动画产业强国，无一不充分利用本民族传统文化发展动画产业，其优秀动画作品及其衍生文化产品都十分鲜明地展现了各自的民族文化内涵和精髓，并随着在世界市场的畅销，在创造巨大产业价值的同时，向世界各国观众传递其民族文化精神和价值观，显示出其民族文化强大的辐射力。

第一节　传统文化形塑的中国风格

早期中国动画曾有过辉煌成就，在充分吸收民族传统文化养分的基础上创造出《大闹天宫》《哪吒闹海》等优秀作品，彰显了独特的民族风格和民族意蕴，被世界观众所喜爱。但 20 世纪 80 年代后，民族动画的发展逐渐落后。在很长的一段时间里，中国动画及动画产业很大一部分走的是以动画产业强国为模范的趋同化道路，对美、日、韩等动画制作手法进行简单的模拟，硬性移植、呆板地套用美、日、韩等国的动画产业发展模式，导致缺少具有更加鲜明的中华民族特色的动画片及品牌动画形象，在世界动画市场上缺乏影响力。国产动画一度走入单纯模仿、失却创新的尴尬境地。

一、从中国元素到中国风格

中国的动画电影发端于20世纪20年代末，当时的万氏兄弟因为受到美国动画片《大力水手》《墨水瓶里跳出来》等影响，兄弟三人开始尝试制作动画，于1926年完成了中国的第一部动画片《大闹画室》，在1935年又完成了中国第一部有声动画《骆驼献舞》片，之后又在40年代创作了具有时代意义的《铁扇公主》，这是亚洲历史上第一部动画影院长片。也是中国动画电影进行“国际化＋民族化”探索的良好开局，影片首次将中国的山水画搬上银幕，让静止的中国山水“活动”起来，大量吸收了中国戏曲艺术的造型特点。且由于市场目标明确，该片的创作者们积极地在片中寻求时尚化的元素，如片中铁扇公主的造型，来自当时流行的神鬼武侠片中的女侠形象。而从整体来看，制作风格乃至人物造型都较明显地受到美国迪斯尼动画的影响，其中最主要的人物形象——孙悟空头大身子小、细胳膊细腿、大手大脚的夸张造型，基本上就是早期米老鼠的变形；牛魔王的情人狐狸精，在造型和表演上则是典型的好莱坞三四十年代性感女明星的样子。此外，明星的配音，剧中的歌舞场面(铁扇公主为取悦牛魔王时的载歌载舞、牛魔王骗得芭蕉扇时得意洋洋的唱段)也是迪斯尼动画片的惯用手法。包括影片的片名《铁扇公主》，也是要向《白雪公主》这一片名“借势”，实际上铁扇公主并非影片的最主要人物。①

60年代是中国动画电影的黄金时期，中国动画片通过《小蝌蚪找妈妈》《大闹天宫》《三个和尚》等作品获得世界认同，被誉为“中国学派”。如令全世界惊叹的“水墨动画”，基本折射出中国民族动画当时的审美取向，代表作品是国内外载誉良多的《小蝌蚪找妈妈》和《牧笛》，前者水墨素材来自齐白石大师的原画，而后者里的水牛，也是李可染大师的作品，

① 黄丽：《以flash动画技术推动动漫产业发展之研究》，硕士学位论文，湖南师范大学，2009年，第26页。

将绘画艺术和动画完美结合。这种动画创作手法也被视作营造中国动画"意境之美"的最佳载体，将东方人关于人与自然关系的思辨诠释得淋漓尽致。在西方人的传统思维中，人与自然的关系是一种主客分离、相互对立的关系。而在古代中国，由于受儒道两家"天人合一"思想的影响，如《庄子、内篇、齐物论》中的"天地与我并生，而万物与我为一"。中国人自古崇尚自然，热爱自然中的山山水水、一草一木。这种人与自然和谐统一的思想，[①]在中国文学史上表现为风格清新隽永且充满古朴意趣的山水诗派；在中国绘画史上，表现为描绘自然山水景色的山水画；而在设计史上，则表现为集居住休息和游览欣赏双重目的为一体，掘池造山，布置建筑、花、木，并利用自然地理环境，组织借景，构成富于自然情趣的、具有中国独特风格的自然风景式园林设计。在《山水情》的结尾处，少年坐在崖巅，手抚琴弦，深情的琴声在山水河流间回荡，老琴师在琴声中渐渐远去，消失在云海之中，而琴声连绵不绝，这样的声音和画面营造出一种天人合一的理想境界。[②]

中国动画的巅峰之作、风格探索之大成的长片——《大闹天宫》也是在这一时期诞生的，被誉为富含"韵散交错"的诗意以及"音画和鸣"的灵晕，影响了中国乃至日本一代电影人。及至80年代，在综合效果上，《哪吒闹海》营造了中国人特有的动画"意境"。这种意境首先来源于文化符号的运用，其次是视听综合效果。在音乐的应用上几乎所有武打场面都使用京剧打击乐器，抒情时则使用民乐中的丝弦伴奏，局部地方更是运用了具有两千多年历史的中国古乐器编钟、古琴。影片的成功之处在于将这些中国文化元素熔为一炉，在叙事中为观众创造了动画的特殊东方意境。该片的镜头在多数情况下是利用动画镜头的空间意识，将背景压缩成为一幅展开的山水长卷，作者巧妙地将山水云海做成可以纵身穿透的平面。这既符合剧情的需要，又和镜头关系紧密相连，使得场景为该剧的成功打下了良好的基础。很多时候，哪吒就在这样的古典长卷中穿行，并与云水交融

① 李行远：《从比较艺术的角度看西方艺术中的人与自然》，转引自《美术学论文集》，岭南美术出版社1995年版，第68页。

② 肖路：《国产动画电影的传统美学风格及其文化探源》，博士学位论文，华东师范大学，2006年，第48页。

为一体。最精彩的莫过于哪吒死后，鹿将他的魂灵衔起，一路奔走最后交给仙鹤，在水边踏着水纹看见鹤消失在茫茫天际。音乐与画面完美地构成了升华的情景。该片传承了传统美学，紧抓传统要素，巧妙地寻求视听语言的中国化表达方式。法国《世界报》评论“不但具有迪斯尼作品的美感，而造型艺术又是迪斯尼所做不到的，它完全表现了中国传统的艺术风格。”

二、固守和式微：落入狭义指涉窠臼的风格

“中国风格”的动画最直观的就是美术上的中国化。中国几代动画人都有一种文化情结，就是总在解决一个将中国固有的众多艺术形式动画化的问题。早期是让传统山水画动起来，后来是要让许多民间艺术形式动起来（木偶、剪纸、皮影、汉像砖等），再后来是奢求让水墨画动起来。国产动画在视觉呈现上无不以从中国美术传统中吸取养料为荣。

万籁鸣曾经回忆说：“动画片一在中国出现，在题材选择上就与西方的分道扬镳了，在苦难的中国，我们没有时间开玩笑，我们要让同胞觉醒起来。”“没有时间开玩笑”对于苦难的近代中国是一个正常的逻辑，但是，对于动画来说，则不然。

强调中国风格的动画大多选取中国的神话传说与民间故事、成语、寓言、童话为内容，经过选择后的这一类故事，最能体现中国人在当时的审美取向和价值判断。在选取故事的时候，第一个原则就是“文以载道”的文化传统，这让中国动画从一开始就不可能是一个纯粹的娱乐形式。同时受儒家中和思想的影响，无论情节怎么曲折都是以圆满结局收尾，多了一份圆融却少了视听艺术的张力。

到这里，我们就可以界定“中国风格”的概念内涵了。动画的中国风格是“中国题材、中国样式、中国美术、中国音乐”四者相加。影片在整体上强调宣传教化功能，为主流意识形态服务。这造成了一种假象，如《骄傲的将军》的成功仿佛告诉后来的创作者，国产动画的创新只有民族化一条路。对中国动画而言，除了动画造型和故事创意方面的问题之外，缺乏动画产业思维是更加明显的桎梏。由此而言，切实提升中国动画产业核心竞争力，必须在衍生品开发、重视动画市场培育、理顺产业链和拓宽动画电影产业增收模

式等方面下足功夫。[①]

进入 90 年代，国内开始出现了一些如《风云》《梁祝》《宝莲灯》《我为歌狂》等一些较受关注的动画电影，尤其是《宝莲灯》满载着中国动画电影人向迪斯尼投石问路的努力。以《喜洋洋》《熊出没》为代表的"低龄化"作品依旧占据着主要市场，但《秦时明月 3D 电影龙腾万里》《魁拔》《大圣归来》《龙之谷：破晓奇兵》等面向成年人群的动画电影，不但制作精良，而且在票房上也取得了不俗的成绩，不仅吸引了大批成年人走进影院，也引发了社会上对于中国动漫成人化发展的讨论。[②]

90 年代，作为中国动画电影分支的港台地区动画电影也开始有所发展。客观地说，香港动画电影扮演着一个独特的角色，它没有令人羡慕的发展空间，也没有辉煌的地位。既缺乏高艺术价值的民族原创性，又没有在国际动画界知名的有独创性的动画导演。然而一代香港动画人依然以饱满的热情和一贯的商业精神给华莱坞动画电影带来了惊喜。相较内地而言，香港地区的漫画发展一直还是比较繁荣的，从老夫子到马荣成的风云系列，作为香港的本土漫画一直以来都深受香港观众的喜爱。[③] 80 年代的《老夫子》动画电影不但是将著名系列漫画改编为动画影片的空前尝试，更代表了两个重要的华莱坞地区——香港和台湾首次共同投资制作动画片的尝试。90 年代著名武侠片导演徐克采用新的技术手段重新演绎了《聊斋志异》里的经典故事《小倩》，并深深地烙上了徐克印记。将新与旧、正与邪以及中国传统元素与现代和后现代感觉并置在一部影片中。《小倩》的动画造型借鉴了当时日本漫画的人物形象，并直接找来了日本的原画设计师进行人物设定。但是故事和结构还是属于香港的武侠故事。影片对话台词中无处不在的"无厘头"语气和搞怪风格充满香港本土特色。[④] 用电脑三维创造出来的"鬼城"，通过烟花、舞台灯光、美食餐厅以及拿着手机的鬼怪和在空中飞行的轿子等

---

① 吴限：《比较视野下的中国动画电影发展研究》，博士学位论文，中国艺术研究院，2015 年，第 47 页。

② 李婷：《中日美动画影像风格形塑——兼论华莱坞动画电影的破壁》，《当代电影》2016 年第 9 期。

③ 吴限：《比较视野下的中国动画电影发展研究》，博士学位论文，中国艺术研究院，2015 年，第 47 页。

④ 吴限：《比较视野下的中国动画电影发展研究》，博士学位论文，中国艺术研究院，2015 年，第 47 页。

景象的并列，处处反映了现代香港的缩影。最终《小倩》凭借优美流畅的叙事、自由奔放的想象赢得了金马奖。

及至 2003 年一部《麦兜故事》的成功让更多人看到了香港动画的无尽可能，该片获得了法国 Grand Prix Annecy 国际动画节最佳动画电影大奖和中国台湾第 39 届金马奖最佳动画片奖，用清新的手法讲述了麦兜作为一只小猪是如何看待成人的世界的，笑料百出又清新温暖，这种情调在文化多元化的香港是很容易被人接受的，给当时低迷的香港电影带来了不少的惊喜。值得自豪的是，《麦兜》并没有受到日本和好莱坞动画的影响，而是有着强烈的、属于自己的个性风格，它在创作者谢立文本人的严格监控下制作，成为少见的港产动画精品制作。

由是观之，主创人员的个人风格化在动画电影中得到重要体现属于香港地区本土电影的一大特点。每部电影都有着强烈的导演个人风格，这种作者电影式的原创性动画区别于国内大多数同质化的动画片。[①]

如果说 20 世纪 60 年代初的《大闹天宫》意味着中国式的动画美学系统的建立的话，那么 70 年代末的《哪吒闹海》则意味着这个表达系统的日臻完美，而 80 年代初的《天书奇谭》则是中国动画电影第一次娱乐意识的觉醒。如果查阅一下对应这三部影片同时期的美国迪斯尼动画，中国动画与之风格完全不同，但在各自系统内所达到的成熟度与艺术高度真可以说不相上下。可以说，从 60 年代初到 80 年代初，是我们的主流动画与世界主流动画之间质量差距最小的年代。

如果说从 1941 年万氏三兄弟对迪斯尼的模仿之作《铁扇公主》到 20 世纪 80 年代完全建立自己的审美系统是一个发展历程的话，那么中断 20 年重新出发的中国动画又开始了新的一轮模仿，当然模仿对象不止美国还有日本，但同样和模仿对象差距巨大。当然，今日之世界已非昨日之世界，信息互通，全球合作，所谓建立自己独立的系统几无可能也无必要，但走向成熟或融入世界永远没有捷径。如果说将来会有一种带有中国风格的成熟动画的话，那么这种风格也绝不会是今天的预设，而是众多中国动画人在今日的现实背景下努力做出更多的好作品，世人从众多好作品中感受某种自然流

① 吴限：《比较视野下的中国动画电影发展研究》，博士学位论文，中国艺术研究院，2015 年，第 47 页。

露的共性，即为“中国风格”。

由是观之，中国动画电影在传承以民族性、艺术性、思想性为己任的“中国学派”动画电影和电影美学风格传统的同时，也吸纳了美、日动画电影中的许多元素，在布满荆棘的动画电影之路上蹒跚前行。在整个中国电影票房一路高歌猛进，一路攀升为世界第二大电影市场的当前，动漫产业受到上下高度关注，也有长足进步，但与国际发展相比，还是规模弱小的，能在国际舞台上进行资本兑现并拥有话语权的动画电影的体量还是太小。题材也过于单调。

第二节　在动画产业中实现传统文化创造性转化的策略

实现优秀传统文化的创造性转化，是文化自觉和文化自信的体现，是文化强国建设历程中的必然步骤。民族传统文化在动画产业发展中有着极为重要的影响，中国动画要以传统文化为基础，不断探求多种方式与途径，加强传统文化与动画的结合与渗透，在动画产业发展中充分挖掘和吸收传统文化资源，打造出真正的中国特色的不朽的民族化动画品牌，增加文化竞争力，真正实现传统文化的创造性转化与创新发展。

一、在场的文化景观，不在场的文化自觉

从文化内容的产业生产角度对文化资源进行研究，会发现一个重要特点：文化的资源原属和现实市场活力（掌握文化资源在文化市场中取得社会效益或经济效益的能力）不一定是对等的。不同国家拥有的文化资源差异很大，在文本创意时代，古文明的博物馆展示和民间故事的传播都是文化资源大国引以为荣的资本。但是在文化产业化时代，通过“借鉴”和“改写”而进行目标受众接受的产业符号的生产，扭转了文化资源大国的文化优势，改变了文化资源历史原属国的市场拥有者地位，这也从客观上印证了“历史重写本的思想”。[①]

① 李涛：《动画符号与国家形象》，浙江大学出版社，2012 年第 1 版，第 44 页。

早期中国动画和同时期世界其他地区的动画一样，基本采用勾线平涂的绘画风格。因为其在表现上可以有很大的包容度，同时是最易操作和廉价的动画制作方式。接下来中国动画在视觉上探索出多种多样的样式。1958年的《猪八戒吃西瓜》采用剪纸方式制作，虽然将剪纸运用于动画并非中国首创，但是由于中国剪纸本身在风格上与众不同，所以该片呈现崭新的视觉画面。这为中国动画的民族化发展提供了一个全新的思路。此后，皮影、汉代画像砖、水墨画等民间美术资源一一被动画所采用。[①]

中国同样丰富的民间文学作品中充满了神奇瑰丽的想象和幻想，这些内容难以通过真人电影加以准确的诠释，只有同动画电影相结合才能产生异乎寻常的效果。因此，民间文学这块肥沃的土壤成了动画电影制作者们不断耕耘和挖掘的热土，不仅在中国，在其他国家也一样，我国的民间文学不仅在国产动画电影民族化的进程中起过重要作用，而且也在世界范围内备受瞩目。

文化资源的大量掌握是文化产业生产者获得成功的重要元素之一。但是，只是诸多元素之一，而不是全部，更不等于标准。国产动画在80年漫长的发展过程中，一直将“做有民族特色的动画”作为最高目标，在这个过程中偏离了动画本体，淡化了叙事与视听。一味地在题材与视觉呈现上追求与传统文化的简单对应关系，试图完成动画与中国诸多传统艺术的对等嫁接，产生出诸如水墨动画、戏曲动画、皮影动画等概念。从某种意义上来看，这种探索虽然开拓了动画的技巧表现领域，但由于越来越被这些表面的形式所掩盖，国产动画走进了自设的牢笼。《幽灵公主》《千与千寻》这些都不是直接来源于日本的传统故事，但那种对自然与人的思考，那种对待成长的态度，不但让我们看到了日本文化中的价值观，更让所有人都去思考影片所传递的问题。这也许正是文化自觉的归位、落地和生根。这种文化上的“自知之明”缺位的危害，近期将导致中国动画电影的裹足不前、故步自封，而远期则极有可能造成一代人的精神羸弱。

其实，国产动画并不缺创意。缺的是怎么在创意的基础上构建更完整的故事，并将经验传承下去。吉卜力动画的核心理念便是把传统文化元素

① 肖路：《国产动画电影的传统美学风格及其文化探源》，博士学位论文，华东师范大学，2006年，第59页。

拆解后再组合，既创意十足，也能让人体会到传统之美。

职是之故，发展动画电影产业应基于一种全球化视野和人类意识，显示出时代精神和独立的话语意识。中国动画电影产业亟待增强本土文化传播以及跨文化传播的文化自觉。突破路径依赖，实现民族文化传统性和现代性的转换，融合中国文化的民族性和世界性元素，对传统文化进行编码解码，诠释中国故事、传播中国文化，树立正确的文化信心，找到正确的文化态度，承担应有的文化责任，通过风起云涌的全球动画产业浪潮让世界了解中国文化的历史和现状，理解中国文化精神，提升中国文化在世界范围的正面影响。[①]

二、在夯实文化品格的基础上进行再创造

文化品格，作为一个民族"观念体系"的本性表露，具有精粹性、独特性和标识性。日本动画电影的翘楚宫崎骏，最擅长以一切有价值的文化遗产为资源，汲取精髓，为我所用，挥洒自如，已臻化境，为我们提供了重新审视"日本的想象力"的契机。《龙猫》与植物学家中尾佐助的照叶林文明论、城市扩大化、农村过疏化，《幽灵公主》与历史学家网野善彦的日本中世史观、阪神大地震、奥姆真理教地铁沙林事件，《天空之城》与《格列佛游记》，《悬崖上的金鱼姬》与安徒生、小川未明的童话构成了对话性的互文与对峙关系；《风之谷》与冷战时期的核竞赛，《红猪》与海湾战争、南斯拉夫内战，《幽灵公主》《千与千寻》与日本"失去的 10 年"及世纪转折点，《哈尔的移动城堡》与伊拉克战争，《起风了》与日本政治右翼化，等等，动画电影与世界的形势也有关联。动画电影的文化品格不仅能够表现一个民族的外在文化风貌，而且还可呈现该民族内在的文化"灵魂"。

中国有着悠久辉煌的历史文明，丰富的民族文化资源给动画电影带来了无限的创作源泉和精神内涵。如《鹿铃》《山水情》脱胎于中国画中写意花鸟和写意山水；《大闹天宫》《哪吒闹海》《天书奇谭》借鉴的是中国古代寺观壁画；《渔童》《金色的海螺》吸取的是中国皮影和民间剪纸的外观形式；《南郭先生》《火童》融合了汉代画像石和画像砖的刚健风格；《三个和尚》吸纳了

---

① 李婷：《中日美动画影像风格形塑——兼论华莱坞动画电影的破壁》，《当代电影》2016 年第 9 期。

中国戏曲的精粹;《骄傲的将军》《医生与皇帝》将京剧脸谱赋予角色。又如,同样是水墨动画片,《小蝌蚪找妈妈》用的是齐白石的画法,《牧笛》用的是李可染的笔法,而《雁阵》采用的是贾又福的墨趣……

更加大胆的创新已经不仅仅局限于复原,而是着力创造。从《白蛇:缘起》到《哪吒之魔童降世》,越来越多中国传统文化题材的原创内容开始发光发热。两部动画片均实现口碑票房双丰收。其中《哪吒之魔童降世》席卷了整个2019年的暑假,斩获超过50亿元的票房,并在澳大利亚、东京等多个国际电影节上获奖。白蛇还是那个断桥之上、油纸伞下的人物,哪吒还是那个脚踩风火轮、身披混天绫的顽童,这些传统文化的经典符号,在数字科技的光环下,正从传统中走来,展翅飞向国际。

以2019年1月上映的《白蛇:缘起》为例,这部电影将白蛇与许仙的前缘娓娓道来,在《白蛇传》作为频频翻拍的大IP之外获得了难得的原创空间,结尾以熟悉的《前世今生》旋律巧妙地与《白蛇传》进行勾连。捕蛇的故事背景源自柳宗元的《捕蛇者说》;许宣江上清唱的《何须问》词出自《行路难五首》《拟行路难十八首》;地下迷宫的咒语出自道家《金光咒》;国师的咒语出自东汉张陵的《老子想尔注》;结尾小狐妖唱的词则出自宋代晁补之的《水龙吟·次歆林圣予惜春》等。片中的风景、法术、异兽、音乐、建筑等,也大多按照中国的传统美学标准打造。相比文化细节的处处留心,故事情节则显得有些捉襟见肘。众所周知,《白蛇缘起》取自《白蛇传》这个大IP,部分情节更有向电影《青蛇》《画皮》致敬之嫌,囿于篇幅所限,白蛇与许宣的爱情似乎还不够水到渠成,对于反派的刻画也略显单薄和扁平、不够立体,反而过多着墨于打戏。片中努力通过白蛇、青蛇的共浴,白蛇与许宣在佛像前的情动等,努力摆脱动画电影形式上“低幼向”的媒介隐喻。却也因此过于拘泥男女之情,导致整部影片格局有限,缺乏对影片背后普世意义的探索和想象力的阐发。影片中的国师和蛇母作为统治阶级,通过制造种族对立谋取个人私利,被统治和受迫害的人和妖作为对它们愚昧盲从的武器,又演变成为新的施恶者。与之相比,2017年上映的《大护法》在外向的文化塑形和内在的文化自省和逻辑自洽方面则更为成功。影片试图塑造一个诡谲但真实的反乌托邦世界,并构建起一套思辨与自省的世界观,用一场视听试验,完成对历史纵深与现实世界完美互文的书写。

对于创作者来说，文化品格的打造并非易事，需由表及里，力排漂浮无着的架空和抽象。共同缔造一个民族的外在文化风貌和内在的文化"灵魂"，而动画角色，则是动画电影文化底色的最佳表征。亦是打造 IP 的最佳载体和路径。众所周知，在创造 IP 的能力上，迪士尼立于不败之地，庞大的内容池里，从米老鼠开始，到唐老鸭、白雪公主和小矮人、爱丽丝、睡美人、美人鱼、阿拉丁、狮子王、小飞侠、小飞象、艾莎公主等这些 IP 并非漂浮无着的形象，而是演绎了充满爱与欢乐的种种故事的一个个精彩角色。影片落幕之时，角色下线，而 IP 永存，深耕角色成为 IP 构建的关键，这些角色构成了迪士尼强大的内容资产。由是观之，从《大圣归来》到《哪吒》，中国动画电影真正的崛起，不是一骑绝尘的票房奇迹，而是一个个生动角色及其演绎的一幕幕高燃画面拼凑出的成长卷轴。由《大圣归来》里的大圣和江流儿、《大护法》里的太子和护法、《哪吒》里的哪吒和敖丙等深入人心的角色观之，动画角色的有效传播往往需要两个条件，一是外在形象符合当下核心受众的审美（也包括审"丑"）风格，二是内在性格观照和呼应核心受众内心的自我投射。"大圣"那张稍显冷酷的长脸下的潜流式孤胆英雄式的路数，"江流儿"的温暖和天真，足以激发前者在影片高潮的爆发；"太子"的蠢萌和心存大爱与奉命寻他回朝的高手护法形成丰富的戏剧张力，水墨丹青中衬托残酷的成人世界。如果说新混世魔王版哪吒的形象与 20 世纪 70 年代形象大相径庭，且稍显粗线条，温暖良善版敖丙则充分考虑了当下观众的审美，俊美的形象和细腻的情感深受女性受众欢迎，而李靖的角色更是对先前刻板的"父权"形象的惊人背离。命运的纠葛令身处亦敌亦友两难境地的哪吒和敖丙难逃一战，高潮处的台词"若命运不公，我和它斗到底"不只是哪吒的自说自话，更是万千观众呼之欲出的共情。

普通观众往往以影片是否"好看"作为观感，殊不知这简简单单的两字令创作者搜索枯肠。何谓"好看"？这就需要回归动画的初心：动画的英文 animation 源于拉丁词"animare"，意即"激发生命""赋予灵魂"。不难发现，一部优秀的动画作品，角色往往是灵魂，每个被"赋予灵魂"经典动画角色身上的故事都能够与人的情感产生密切联系，引发受众深层次的共鸣。或许这是许多年来，中国动画内容真正缺乏的东西。

职是之故，我国的动画创作者们应在创作中不断强化富含民族文化灵魂的内容和命题，营造出具有文化审美情趣的场景，是为“奇观”；塑造出带有鲜活生命气息的动画角色，是为“共情”。通过这些有意识或潜意识的设置和强调，寻求更加广阔的传播空间，从而真正提升中国动画电影的文化实力。

传统文化的创造性转化是指按照时代特点和要求，对传统文化中那些至今仍有借鉴价值的内涵和陈旧的表现形式加以改造，赋予其新的内涵和现代表现形式，激活其生命力。动画产业发展中以创新、创意为理念，在当代价值体系下对民族传统文化进行利用，创造具有民族文化内涵的动画作品，是实现其创造性转化的主要策略。

充分挖掘传统文化底蕴，将传统文化元素进行再创造，将传统文化资源优势转换为产业优势，把丰富多样的传统文化资源做成可持续的动画产业，实现传统文化传承创新与动画产品的增值，是提升我国文化软实力的重要途径。让传统文化为动画产业发展提供根基与营养，并依托动画产业实现其创造性转化，在两者的结合中达到传统文化与动画产业的双赢，具有十分重要的价值和意义。

第三节　案例研究：互联网语境下经典文学IP的改编创作及传播研究
——以《哪吒之魔童降世》为例

2017年中央下发《关于实施中华优秀传统文化传承发展工程的意见》，文件中强调要善于从中华文化资源宝库中提炼题材、获取灵感、汲取养分，把中华优秀传统文化的有益思想、艺术价值与时代特点和要求相结合，运用丰富多样的艺术形式进行当代表达，推出一大批底蕴深厚、涵育人心的优秀文艺作品。

诚如元代文人虞集所言：“尝论一代之兴，必有一代之绝艺足称于后世者。汉之文章，唐之律诗，宋之道学，国朝之今乐府，亦开于气数音律之盛。”从汉赋、唐诗到宋词、元曲、明清小说，不同时代的艺术带着各不相同的烙印。艺术的繁荣离不开承载它的媒介，从20世纪30年代全球视觉转向以来，影视艺术成为当下大众接受度最高、传播范围最广泛的艺术之一。随着互联网技术的发展,网络文化又为影视艺术注入崭新的活力。

《封神演义》成书于明代,经年来以文学的形式流传,其本身深厚的历史底蕴和文化价值自不必多言。但目前,在"互联网+"语境下,后人如何攫取传统文化元素进行再创作,如何将新时代的网络艺术和流行文化与传统文化结合,在文学改编成电影的过程中,又将如何把握网络、文学、电影三者间的关系,笔者认为《哪吒之魔童降世》的改编创作及传播策略为这场经典与流行的时代交锋提供了一个鲜活而有力研究例证。

《哪吒之魔童降世》取材于中国古典文学著作《封神演义》,哪吒这一人物更具有深厚的历史渊源和人文底蕴,最早可追溯到西域佛教中的那咤天王,传入中国后在不断本土化的过程中走下神坛,哪吒这一形象及其"析骨还父、析肉还母"的身世故事也在宗教典籍《三教搜神大全》、元杂剧《西游记》、明代神魔小说《封神演义》《西游记》《南游记》等通俗文学中逐步完善,并成为富有浓郁的中华民族特色的经典文学形象之一。

纵观国产动画市场,《哪吒之魔童降世》是横空出世的黑马,也是国漫的一剂强心针。该片上映三天累计票房破 7 亿元,最终以 50 亿元票房的傲人成绩高居中国影史票房第二位,豆瓣评分高达 8.5 分,《人民日报》对其有高度评价:改出新鲜感不易,能融入当代价值关切更难。可见《哪吒之魔童降世》对《封神演义》的改编极具典型性、创新性、当代性。

一、《哪吒之魔童降世》的改编策略

(一)叙事策略:好莱坞式的合家欢逻辑

电影《哪吒之魔童降世》完全不同于《封神演义》中"析骨肉还父母"的哪吒故事,它讲述的是哪吒作为混元珠中的代表邪恶的魔丸,在李靖夫妇、太乙真人和敖丙的共同陪伴和保护下,从天生之恶转向保护万民之善的故事,采取了悉德·菲尔德在《电影剧本写作基础》中所提的三幕式结构为叙事策略,按照"开端—对抗—结局"的顺序线性展开。

在第一幕"开端"部分,电影以混元珠取代原著中的灵珠子,混元珠乃天地孕育之气,善恶混杂,被元始天尊炼化后分为灵珠和魔丸,魔丸被施天劫咒,灵珠则被安排为"天命之人"李靖的第三个孩子。此时形成了故事第一个平衡：善恶两分，各自有各自的命运。此时影片引入第一个激励事件，所谓激励事件，是"必须彻底打破主人公生活中各种力量的平衡"。在《哪吒之魔童降世》中表现为申公豹因不满师父对太乙真人的偏爱而盗走灵珠，使哪吒作为魔丸而降生。原本魔丸是没有机会拥有生命的，但在激励事件的作用下，魔丸与灵珠阴差阳错分别成为哪吒与敖丙。哪吒真的会死吗？敖丙又该如何面对内心的善和龙族沉重的命运？一系列疑问构成了第一股推动故事向前发展的戏剧动力。

第二幕"对抗"可称作故事的主体部分，在此阶段中，激励事件所导致的失衡会"在主人公内心激发起一个自觉或不自觉的欲望，意欲恢复平衡，于是把他送上了一条追寻欲望对象的求索之路，一路上他必须与各种（内心的、个人的、个人外的）对抗力量抗衡。"[①]影片中的哪吒就因为李靖一个善意的谎言而萌生了向善的决心，他从原本低落阴郁的情绪中抽离，相信自己是能够保护万民的灵珠，并因此在《山河社稷图》中修炼两年。哪吒"向善"的这种自觉欲望构成了整个故事的"脊椎"，促使他想要改变陈塘关百姓对自己的偏见，也促使他从海夜叉手中解救幼童，并因此误打误撞地和敖丙成为知己。然而，即便是出于善意的谎言，也终究有被戳破的一天。当哪吒得知自己并非灵珠，而是将遭天雷的魔丸时，他向善的初心被被骗的愤怒所遮蔽；挣扎在善与恶边缘的敖丙同样如此，他为妖族身份所累，在百姓的偏见中迟疑着放下原本的善意。就在故事似乎走向不可挽回的地步时，创作者利用闪回，插入新的激励事件，开篇所埋下的伏笔在此刻发挥作用——李靖与哪吒的父子亲情。总结而言，天性与外界的力量同时挤压着哪吒和敖丙，这就构成了电影中极具可看性的戏剧冲突——敖丙水淹陈塘关，哪吒去而复返凛然赴死。故事在这时达到高潮，同时也引向第三幕"结局"。

故事的结局是为了给之前所有遗留在观众心中的问题一个明确有力的答案，结局往往与开篇首尾呼应，由此将故事串联成一个整体。在《哪吒之魔童降世》的最开始，创作者就抛出了贯穿整部电影的一个问题：哪吒是否会因天雷劫而死。电影中，哪吒的决定触动了敖丙，魔丸与灵珠合体，两人在太乙真人的保护下保留住了魂魄，敖丙的身世枷锁随着万鳞甲的破碎得

① 陈建宪：《元故事的构拟与激活——从民间叙事法则到"好莱坞圣经"》，《华中师范大学学报（人文社会科学版）》2019 年第 3 期。

以消除，陈塘关的百姓也因此改变了原本的偏见，故事最终以观众喜闻乐见的大合欢为结局。

因此，研究影片的叙事策略可以发现，《哪吒之魔童降世》的剧本结构虽然简单但十分严谨，每个情节点的安排都能恰到好处地引起观众的好奇，多次设置笑点致敬香港喜剧明星周星驰，在传统故事中加入现代的元素，《山河社稷图》中的游戏化表达，并以老少咸宜的大合欢来收尾，可说是一部标准的"全龄向"动画电影：儿童可以在其中找到看动画片的乐趣，成人也能在观影后反思影片中所揭示的社会议题。进一步分析，哪吒"末日英雄式"的成长不免带有好莱坞超级英雄的影子，影片中的人物关系也可以与日本经典动漫作品《火影忍者》一一对照。这自然与导演饺子身为"80后"的成长经历密不可分，它更契合时下年轻受众的审美趣味，同时也印证了如今对于文化经典的再创造并不局限于中国当代文化与传统文化的融合，而意味着全世界的互相影响与交融。再者，中国的电影艺术相对世界而言起步较晚，从海外的艺术中汲取经验也是中国创作者的必经之路。正如费孝通先生曾说的"各美其美，美人之美，美美与共，天下大同"，诚然传统文化是中华民族屹立世界之根，但文化之美不分国界，在中国的土壤之上浇灌来自他国的灵感水源，同样能生长出繁盛美丽的艺术之花。

然而与此同时，国内的创作者也要对此进行反思。传统文化的确是民族文化之瑰宝，但不能过度依赖经典和海外的优秀艺术，纵观近年来大热的国产动画电影，无一不是依据古代神话或传统文学改编而成，在后期制作中同样多见国外制作团队的身影，可见中国动画电影的工业化生产体系仍未形成，自主创新能力也较为薄弱。旧神话有新表达固然是好事，但当今时代的新故事同样不可缺席，提高中国影视从业者的原创力，任重而道远。

（二）人物塑造：一体双生的反叛与救赎

不同于《封神演义》中围绕李靖和哪吒的"父子"博弈，哪吒与敖丙所构成的"双雄"结构是电影《哪吒之魔童降世》的叙事核心。从电影设定来看，哪吒和敖丙一体双生，两者皆来自混元珠，前者化身魔丸，恣意洒脱、放浪不羁，后者则是灵珠，忧郁沉稳、宁静致远。魔丸与灵珠看似正邪对立、水火不容，但比起对抗与交锋，电影创作者呈现更多的则是两者共同的责任、挣扎、痛苦、选择和成长。笔者曾以“扁平人物”形容《哪吒闹海》版哪吒，而此片中的哪吒与敖丙则是圆形人物，具有多重的“人物维”。

首先，哪吒与敖丙的天命都不由自己决定。哪吒天生魔丸，仅有三年寿命，诞生之后也未曾接触真正的人间，大多数时期都是在府中和《山河社稷图》中度过，他“顽童”的心性既是天生，也有后天缺少人际交往经验的影响；敖丙虽是灵珠，却作为龙王三太子，背负着沉重的龙族寄托，每日在严苛的训练中度日，只为有朝一日取代哪吒的“李靖之子”身份回归天庭。两个少年都有稚子般的内心，渴望爱、渴望关怀、渴望见识更大的世界，却被天命和意外左右命运。因此，无论魔丸还是灵珠，都处在身不由己的樊笼中，只不过哪吒用自己的恶作剧来反抗，而灵珠因天性的善选择将这份苦闷忧郁压在心底。所以当他们不打不相识，惊觉对方和自己一样孤独的时候，才能成为至交，在落日余晖下的沙滩上无忧无虑地玩乐。那一刻，哪吒忘记自己是陈塘关百姓深恶痛绝的魔丸，敖丙也终于卸下身上的重担，双双回归少年本性。

其次，哪吒与敖丙都被囚禁在世俗的偏见中。陈塘关百姓对哪吒的偏见最初来自哪吒魔丸的身份，在哪吒初生之时，便有双目失明的老者请求李靖杀死哪吒，丝毫不顾念那也是一条生命，也暗喻世人的有眼无珠。随着哪吒意识到人们对自己的厌恶，愤怒之余便也起了逆反之心，这才开始捉弄百姓。于是百姓更惧怕、更憎恨哪吒，也就对哪吒有了更深的偏见。而哪吒孩童心性，一方面他想改变世人的偏见；另一方面却又鲁莽太甚，使得每次想做好事到最后都被误解，几乎成了一个死结，从海夜叉手中解救幼童一事便是如此。哪吒从小就活在这样的偏见中，就算有李靖夫妇和太乙真人的劝解开导，其心中的苦闷、难过依然无法排解，同时也无法形成正确的自我认知。敖丙的偏见则源于他龙族的身份。影片中，龙族被天帝以“镇压妖兽”之名囚禁于海底，和申公豹一样被世人看作不详的妖族。申公豹曾感慨“人心中的成见是一座大山，任你怎么努力都休想搬动”，正如敖丙虽然拯救了百姓，但当他真正的身份暴露，人们依旧对他持否定的态度，这也直接导致敖丙决定水淹陈塘关。

回归故事的最初，申公豹作为影片中最大的反派，同样陷在名为“偏见”的泥淖中。在他看来，自己在各个方面都胜于太乙真人，却不得元始天尊的重用，是为自己妖族的身份所累。且不论申公豹的认知是否正确，但哪吒和敖丙的困境确然反映了现实社会存在的问题，无论是种族歧视抑或对其他边缘人群的偏见，刻板印象正阻碍着人的自由发展，同时也使社会风气变得狭隘。因此，想要做出改变，光靠个人自身的勇气是远远不足的，它更多来自全社会的共识和努力。只有当每一个人都认识到人的多样性和特殊性，不再以固有认知衡量他人，成见这一座大山才能真正从每一个哪吒和敖丙心头移除。

再次，哪吒与敖丙都面临着善与恶的抉择。虽说魔丸代表邪恶，而灵珠代表善良，但在哪吒与敖丙身上，由于外界环境的不同，所以两者的善恶并不分明，他们一样活在善恶混杂的混沌中，摸索着前进。浪漫主义作家雨果曾在《克伦威尔〈序〉》中写道："丑就在美的旁边，畸形靠近着优美，粗俗藏在崇高的背后，恶与善并存，黑暗与光明相共。"因此即便是"丑哪吒"，也能在最后选择拯救万民，撕掉换命符英勇赴死；而敖丙虽然是被认作"恶"的妖族出身，也能被哪吒所感动，与他共赴天雷劫难。混元珠本身便是善恶混杂的，元始天尊的炼化只是使两者获得了善与恶的天性，因此后天的培养尤为重要。由此引申开来，揭示了教育的重要性。所谓教育，并非仅指知识技能的提升，更是对人格的培育和完善。德国古典美学的代表人物席勒便在《美育书简》中认为，在近代社会，工业文明的高度发达所带来的严密的分工制和等级差别使人身上的"感性冲动"和"理性冲动"分裂，"人性的内在联系也就被割裂开来了，一种致命的冲突就使得本来处在和谐状态的人的各种力量互相矛盾了"。百年之前鲁迅先生也曾有此言，"自己背着因袭的重担，肩住了黑暗的闸门，放他们到宽阔的地方去；此后幸福的度日，合理的做人。"两者的基本观点都是强调发展人之天性的重要性。

麦基在《故事》中写："我们都是人类，都经历着同样根本的人类难题，提出同样根本的人类疑问，生活在不断缩减的时间阴影之下。""逆天改命"的母题在中国传统文学中被多次演绎，这也是中华民族极具标志性的文化之一。但《封神演义》中的哪吒是一个"不合格"的反叛者，仍然固守在"宿命论"的框架中，而《哪吒之魔童降世》里的哪吒则依托这几分反叛精神成了一个真正追求自我的人，也在这个过程中，敖丙得到了身心的救赎。因此，哪吒与敖丙与其说是双生双死，不如说从始至终他们都是一个人，一个不信命的人。这样的改编也更符合现代人的观念。正如电影的最后太乙真人的旁白所言:“如果你问我人能否改变自己的命运,我也不知道,但我知道,不认命就是哪吒的命。”

（三）视听语言：动画技术造就国风奇观

中国古典美学一贯崇尚意境之美,诗书画皆注重情景交融、虚实相生、韵味无穷之趣。如王国维曾言:“文学之工不工,亦视其意境之有无,与其深浅而已。”刘勰在《文心雕龙·隐秀》同样提出“文之妙在‘隐’,‘隐’不在于深藏不露,而在于最大限度展示艺术世界内在的魅力,使艺术的有限世界蕴含着无限的韵味。”《哪吒之魔童降世》便充分发扬了中国传统艺术精神,利用动画特效将以形写神、以景抒情、情景交融发挥到了极致,创作了一幅近乎奇观化的国风图景。

首先,电影中有一段对于《山河社稷图》的精彩表现。此图出现在影片前段,出逃的哪吒为画上云山雾罩的美景所吸引,手指轻触画面便被吸了进去。随后,在画中世界太乙真人以笔作画,挥笔指点江山,瞬间改变世界的样貌,腾云驾雾上天入地无所不能,莲花池宁静悠远,巨大的水柱仿佛云霄飞车般漫天腾空。哪吒在画中的世界畅意遨游,这一设计本身就具有中国古典美学的痕迹。中国山水画不似西方绘画那般以透视法作画,如李泽厚所言:“它并不造成如西画那种感知幻觉中的真实感,而有更多的想象自由,毋宁是一种想象中的幻觉感。”“山水有可行者,有可望者,有可游者,有可居者,……但可行可望不如可居可游之为得”。因此,中国山水画是“看此画令人生此意,如真在此山中,此画之景外意也”。在太乙真人“马良神笔”般恣意潇洒的挥毫中,中国古典山水画中自由的幻想感、人与自然和谐相生融为一体的满足感以及宋元文人对山水画“可游可居”的愿望,就这样化作了现实。

其次,敖丙与哪吒在海边初相识,于落日中踢毽子玩乐的一幕是全片最治愈人心的场景之一。霞光笼罩,时间仿佛停止流逝,言有尽而意无穷,天真烂漫、惺惺相惜的友情从简单的画面中满溢而出,令人感叹动人之余又无法不心生物哀之感。屈原在《离骚》中吟:“日月忽其不淹兮,春与秋其代序。唯草木之零落兮,恐美人之迟暮。”陶渊明亦有诗云:“古人惜寸阴,念此使人惧。"当全村人纷纷赶来，哪吒和敖丙在海边的交心时刻更显得弥足珍贵，颇有几分"彩云易散琉璃脆"的感伤。

再次，电影中加入了大量的中国传统艺术元素，在细节上处处用心，使之更契合故事发生的时代背景。如哪吒出世前太乙真人喝酒用的漩涡纹彩陶罐，负责守卫的结界兽源自三星堆青铜人面具，而《山河社稷图》同样与王希孟名作《千里江山图》有异曲同工之妙。此外，还有"虚空之门"、哪吒之火属性与敖丙水属性的阴阳相生、莲花钟罩等安排，都带有道家哲学的色彩。

如此精致炫目、具有极高观赏价值的动画来自创作团队的匠心和努力。《哪吒之魔童降世》历时 5 年完成，共有 1 600 余动画人参与制作，66 次剧本修改，1 400 多个特效镜头。导演饺子更是精益求精，狠抓细节，一秒钟不到的镜头里的两三帧细微瑕疵都会逐一修整，片中申公豹从人的形象转变为豹子的镜头前后不过几秒钟便制作了好几个月，哪吒的人物形象则是从 100 多个版本中挑选出来的，更遑论高潮部分的打斗场景，其中波折数不胜数。但幕后创作团队凭着和哪吒一样的毅力和热血，想要打破国人对国漫的偏见，在有限的技术和资金内将作品做到了极致。《哪吒之魔童降世》上映后，成为"国漫崛起"的新招牌。导演饺子在接受采访时却表示，当大家不再说"国漫崛起"时，国漫才是真正崛起了，显示其对行业清晰的认知和沉着的艺术匠心。正是有如饺子这样用心的动画人，《哪吒之魔童降世》才能一上映便收获好评，最终取得票房与口碑的双丰收。

（四）内在意蕴：多元主题的现代化表达

首先，纵观电影《哪吒之魔童降世》，其中李靖与哪吒间的父子亲情是一大主题。在《封神演义》中，李靖与哪吒具有鲜明的对抗关系：哪吒以肉球形态出生，李靖认定其为不祥之物故挥剑相向，此为"杀子"；哪吒金身被李靖烧毁，以莲花重生后向李靖报仇，此为"弑父"。即便是哪吒在闯下祸端、龙王水淹陈塘关之时，他出于孝道自决，也并不是因为与李靖的亲情如此，而是受到"孝道"本身的约束。中国一直以来有"身体发肤，受之父母"的孝道观，因此在哪吒重生以后，他自认已将肉身归还，因此与李靖再无瓜葛。哪吒和李靖之间如此畸形的父子关系在今天看来十分不可思议，因此创作团队将其改编，电影中的李靖不再如小说中那般冷酷，并浓墨重彩地表现了他对哪吒的父爱。

首先，由于申公豹的偷梁换柱，当哪吒作为魔丸降生时，李靖的第一反应并非杀死他，而是对又惊又惧的陈塘关百姓保证，自己会好好管教哪吒。其中一句“但孩子无辜，他也是受害者”更显示他的善良和温情。其二，哪吒生来就背负天劫咒的命运，李靖仍然与太乙真人一同来到虚空之门求改命之法，表现出李靖同样是不认命的人。其三，李靖宁愿用换命符代替哪吒遭受天雷，哪吒因陈塘关百姓而闷闷不乐时编造善意的谎言，又为了哪吒的生日去百姓家中逐户相求，无一不体现李靖深沉的父爱。而这些，李靖从未在哪吒面前提过半句，原本小说中因哪吒犯错便要将其交给龙王处置的李靖俨然不复存在。如果说《哪吒闹海》中的李靖尚且要在百姓与骨肉之间做痛苦的挣扎与抉择，那么《哪吒之魔童降世》中的李靖则不仅给予哪吒亲情，更义无反顾地与儿子一同扛起了天雷的宿命，这也是促使哪吒在后期发生从恶向善蜕变的根本原因。可以说，是李靖无声的关心和爱护保全了哪吒的生命，并让哪吒获得成长。

其次，电影以“打破成见，逆转命运”为主题，讲述的虽然是哪吒的故事，但影片中对殷夫人的重塑、申公豹内心的表达乃至龙族沉重命运等的展现，同样是在“打破成见”。一是打破慈母形象。在中国传统艺术中，母亲形象的表达十分单一、匮乏，多为性情温柔的慈母，《封神演义》中的殷夫人便是如此。但电影中的殷夫人不仅脾气火爆，在李靖离开时还担负起镇守陈塘关的责任，具有鲜明的女权主义色彩。古代生产方式所带来的性别不平等使女性只能足不出户待在家中，负责相夫教子，恪守“温良恭俭让”的传统礼教，女性真正的性情被压制，其命运也被父权文化左右。而如今随着技术发展，男女之间的生理差别对生产力发展的影响正在逐步减小，女性的社会地位和经济水平提升，女权主义也成为当下十分流行的世界性思潮。二是打破“反派之恶”。确切地说，在《哪吒之魔童降世》中不存在《哪吒闹海》里那样纯粹符号式的反派，无论申公豹抑或龙族，都有自己的身不由己。因此，他们与哪吒、敖丙所要对抗的是同样的东西，一种模糊的、被称为“天命”的存在。对这个词祛魅，放到现下的社会语境中，笔者认为可以等同于“主流”。申公豹、龙王、哪吒、敖丙都是徘徊在主流框架之外的“边缘人”，他们都或多或少作过恶，但前提是这样的体制率先对他们进行了压迫。当整个体制以“主流”之名压迫个体的人时，人与人之间的互相倾轧就不能再简单地视作人性之恶，而是一种结构性的恶。因此，纵然申公豹过度敏感，相比太乙真人也的确少了一颗良善之心，但他的“反派之恶”中，更多的其实是面对体制和主流的无奈和辛酸。哪吒一首打油诗确乎可以很准确地描绘这种心情：生活你全是泪，没死就得活受罪，越是折腾越倒霉，越有追求越悲催。创作者真正的诉求也由此显露。无论在哪个时代哪个社会，某种框架始终约束着人类，由此产生偏见、仇恨、悲剧，在电影中它表现为人心的“成见”，在现实中则会以更多形式展现。而打破这种僵死的框架，真正学会彼此尊重，正是消除“恶”的第一步。

再次，哪吒一句“我命由我不由天”具有浓郁的个人主义色彩。无论是“80 后”导演饺子、幕后动画制作团队抑或电影的观众，年轻群体无一不被哪吒这一呼号所激励、所触动。这与改革开放后中国社会所发生的深刻变革密切相关。中国有长达两千年的封建历史时期，由此形成的民族与国家的社会共同体意识和集体主义思想几乎融入了中华民族的血脉中。随着国门逐步打开，经济腾飞的同时西方思潮也在冲击着国人的价值观。“80 后”“90 后”和“00 后”是在激烈的市场经济中成长起来的，相比上一代，当代年轻人更注重自我意识的发展和自我价值的实现。但高度发达的现代文明和社会原子化又使年轻人时常感觉到孤独，如席勒所言成为一个断裂的碎片。尤其是当个体与共同体意见相左时，个人主义与集体主义之间的矛盾便更为突出。哪吒和敖丙便是这一代年轻群体的缩影。哪吒在陈塘关这个小社会中格格不入，游走在边缘地带，他选择以恶制恶，与共同体形成消极的对抗关系；敖丙深陷海底龙族的共同体中，虽然他选择了顺从，但内心始终渴望着另一种命运，因此是一种隐秘的对抗。此时，个人和集体之间是对立的，这样的情绪在现下的中国社会中十分常见。诚然，公民自我意识的发展有利于其自我实现，相比封建时代下个体的完全虚无而言是具有积极意义的，但是过度个体化的意识又必将使人忽视社会共同体对个人的支撑作用。因此，在当今中国，“这种个人主义，一方面充满自信，洋溢着民族上升期特有的朝气；另一方面，它又极度不安，蕴藏着一个社会内部深刻的焦虑。”

在《哪吒之魔童降世》电影中，创作者是利用家庭这个小单位对哪吒产生影响。因此，哪吒最终选择拯救陈塘关的原因也并非出于对共同体的爱，而是对父母的感恩和自我价值的肯定。而敖丙与共同体之间的联系就更为少了,除了亲缘血脉,敖丙感受到的只有压抑。过度的压抑必然带来极端的反抗。所以在最后,他选择彻底听从自己的内心,贵重的万鳞甲也在天雷中消失于无形。这不仅表现出个体与集体的对垒,更说明两者之间缺少中间媒介的联系。在个体的人与宏大的国家概念之间,如果缺少中间组织的粘连,所谓家国之情也只会成为空洞虚无的口号。

至于哪吒所选择的"自由",似乎也是脱离共同体语境的自由。首先他与陈塘关百姓没有积极的正面的情感纽带,其次他挣扎的天命来自天庭——一个更为遥远更为宏大的共同体。因此哪吒最终获得的自由是反抗的结果,而非真正与共同体和解。这样的自由生长在峭壁悬崖,在艺术中或许能令人振奋,但在现实语境中却无法给人以真正的安全感。电影《哪吒之魔童降世》以"燃"之一字火遍全网,但这就像一剂精神麻药,只能短暂地让人感觉到自身力量的强大,当我们回归现实,仍然要继续挣扎在庞大而沉默的"个人—集体"矛盾中。因此,要真正解决"哪吒之困",是要通过无数中间组织强化人与人之间的纽带,让"无尽的远方,无尽的人们,都与我有关",让宏大的共同体概念落到实处,真正在生活中产生作用,让生活在共同体框架中的人,获得自由全面的发展,幸福地生活。

二、《哪吒之魔童降世》的营销传播策略

北大学者陈旭光曾提出"想象力消费"这一概念,是指受众(包括读者、观众、用户、玩家)对于充满想象力的艺术作品的艺术欣赏和文化消费。该观点认为以《九层妖塔》《魔童之哪吒降世》为代表的玄幻、魔幻类电影表征了"一种新的文化症候,它顺应的是互联网哺育的一代青年人的消费需求,是在玄幻类、奇幻类电影缺失,在儒家传统文化和现实主义创作制约下的背景中产生的——数字技术与互联网催生了一代人的想象力消费,可以无中生有,可以跟现实没有关联——这是一种想象力的消费。"

互联网去中心化的特质使得传受双方关系被打破,传统意义上"单向度"的"受者"转变为双向度乃至多向度的"用户","线下观影+线上营销"早已成为一部电影作品对大众进行传播的必要手段,因此正确的网络营销策略对一部作品的走红起着至关重要的作用。总体来看,在互联网场域中,

《哪吒之魔童降世》团队选择的是精准定位用户的 IP 营销策略，利用小圈层引爆口碑，随后向外辐射大众，而且“哪吒”这一 IP 本身具有极高的社会认同感和知名度，电影本身也是全龄向的优质作品，路人大圈层与核心小圈层由此形成共振，加之《西游记之大圣归来》的联动营销，不断刺激受众进行多维度的“想象力消费”，使《哪吒》最终得以掀起全民性的观影浪潮。

（一）核心受众：二次元群体崛起

《哪吒之魔童降世》作为一部动画电影，最直接的受众便是二次元群体。“二次元”概念起源于日本，最初是“two dimensional”（二维的）的日语翻译。在当下互联网语境中，二次元则是指由 animation（动画）、comic（漫画）、game（游戏）所创造的虚拟人物所构成的虚拟世界。在 20 世纪 80 年代的中国，在美国、日本动漫的影响下，二次元文化生根发芽，依托互联网形成具有一定规模的二次元网络社群。例如，创建于 2009 年的弹幕视频网站 bilibili（B 站）就成为二次元用户的主要聚集地，并逐步进入大众视野。随着互联网普及和年轻一代网络原住民的成长，中国二次元文化爱好者数量也在不断增长。据艾瑞咨询数据报告显示，2019 年中国泛二次元用户规模达到 3.9 亿人，并且年增长率仍维持在 10%以上。因此可以说，中国的“泛二次元”时代已经到来。

《哪吒之魔童降世》本身与二次元群体之间具有强烈的共生关系，这主要表现在以下三点：首先，该电影的艺术形式是动画，一上映就会自然受到二次元群体的关注。根据“猫眼专业版 app”显示，《哪吒之魔童降世》的受众中 35 岁以下的中青年群体占 74.1%，而大部分二次元用户同样聚集在这一年龄层；其次，经改编后的《哪吒之魔童降世》故事核心在于哪吒的反抗精神和自我成长，这与二次元文化中极重要的“创造性反抗”精神不谋而合；再次，营销团队在后续相继推出导演杨宇的个人访谈，导演本身就是二次元文化爱好者，其动画处女作《打，打个大西瓜》就颇受关注，而 B 站也存在大量《哪吒之魔童降世》相关的视频资讯，团队和受众之间容易因此产生“惺惺相惜”的知己感，由此引发的“二刷”“三刷”狂潮更是加强了两者的情感纽带。

《哪吒之魔童降世》电影在首次发布预告片时并不受到关注，其网络播放量不过三万，为挽救颓势，电影出品方选择在 2019 年 7 月 13 日至 21 日进行间歇式点映，距离上映5天停止点映，这种“饥饿营销”式的做法给予舆论和口碑充分发酵的时间。相较于普通电影观众，二次元群体最突出的特点就是能够进行大量衍生ugc（用户生成的内容，互联网术语）创作，从而为原作品持续增加热度，形成长尾效应。美国学者亨利·詹金斯在他所提出的“参与性文化”中就充分肯定了受众的主动性与创造力，在阅读原文本的基础上，不断地对其进行解构与重塑，并积极主动参与新的文本创作中，制作出风格独特的原创性文本。

在《哪吒之魔童降世》热度发酵过程中，一体双生并具有极高“cp”（人物配对，网络语言）感的哪吒与敖丙组成“藕饼”“饼渣”cp，使《哪吒之魔童降世》还未正式上映就在同人圈掀起创作高潮，同人画作和文章层出不穷，在“微博”“lofter”等社交媒体聚集极高的人气和话题度，这股“二次元自来水”是《哪吒之魔童降世》上映后票房显井喷式增长的关键因素。而电影营销团队也十分善于利用这份天然的网络人气，在电影上映期间，《哪吒之魔童降世》官方微博和导演个人微博都积极转发网友自发生产的内容，与之互动。这不仅激发了二次元用户的参与热情，丰富了《哪吒之魔童降世》的衍生创作，同时由于这些创作者本身就在社交平台上具有一定人气，往往是某一小众群体中的“意见领袖”，因此关注该创作者的粉丝也自然而然成为电影《哪吒之魔童降世》的潜在观众，有力地扩大了电影的知名度和网友对它的好奇心，相关话题也引起全网热议，“哪吒敖丙锁了”等词条也一度登上微博热搜榜单。

可以说同人创作的多面开花是助力《哪吒之魔童降世》“出圈”的必要因素。网络同人创作长期以来因版权争议而游走在灰色地带，却又因强烈的隐匿性、迷狂性、先锋性而受到创作者们的拥护。而《哪吒之魔童降世》电影团队对同人文化的准确认识和把控，使原作品和同人创作实现了可贵的双赢，并且就艺术本身而言，也同样是一次不可多得的跨时代交流。《哪吒之魔童降世》源于《封神演义》，又因同人创作而获得持续的热度发酵。从古老的文学作品到电影艺术再到极具网络特色的同人创作，艺术的继承与创新在媒介的更替中不知不觉地完成，为其他电影的新媒体营销提供了可借鉴的范例，同时这一过程所带来的“经典”与“流行”的碰撞也给人更多深思的空间。

（二）圈层发酵：大众对话亚文化

在《哪吒之魔童降世》不断破圈的过程中，大众与青年亚文化之间的碰撞和交融尤其值得关注。亚文化，又称副文化，是“指与主文化相对应的那些非主流的、局部的文化现象”。[①] 在针对青年亚文化的研究中，不同的学派对其有不同的理解，在这部分笔者采用“后亚文化理论”这一观点，该理论以御宅族、二次元、“丧文化”等后亚文化现象为研究对象，提出了场景、新部族、亚文化资本、有品质的生活方式等新关键词。相较于坚持“阶级斗争”立场的伯明翰学派而言，后亚文化理论“从社会约束模式中脱离出来，关注个体的人，关注个体的亚文化实践意义”。

在很长一段时期内，中国电影领域的国产动画始终游走在边缘地带，相对真人演绎电影而言，国产动画电影便是一种“亚文化”。在大众认知中，动画片是属于儿童的娱乐，加之动画行业本身发展的缺陷，国产动画的“低幼化”印象随之而来。对《哪吒之魔童降世》做一个总结，可以发现一个有趣的规律：首先，电影中哪吒与敖丙的“妖怪”身份处于边缘；其次，二次元群体相对大众文化处于边缘；再次，国产动画相对其他电影同样处于边缘。因此，笔者认为《哪吒之魔童降世》电影的成功是一次边缘者的绝地反击，是一次“亚文化”的集体出圈。令人欣喜的是《哪吒之魔童降世》电影所展现的并非大众文化与青年亚文化的对抗，而是一次极具意义的交流与对话。

原因主要有三点：其一，国家宏观政策层面对国漫产业的关注和扶持。2017 年 2 月国家发布《文化部“十三五”时期文化发展改革规划》，其中明确要求支持原创动漫创作生产和宣传推广，培育民族动漫创意和品牌；其二，“哪吒”这一 IP 本身具有的大众认知度，前有《西游记》《封神演义》，后有《哪吒闹海》，大众对哪吒的民族记忆与情怀是对话破口的关键；其三，主流媒体和民间自媒体对舆情的引导。笔者认为，尤其是官方媒体对《哪吒》所展现的支持态度在其中发挥了巨大的作用。除了响应国家政策号召，这也是官方媒体适应网络环境、寻求转型升级的一次“常规操作”。

具体来说，互联网的迅速发展改变了官方媒体的舆论主导地位，如今，

---

① 马宪刚：《亚文化人群的性别符号设计》，《今传媒》2012 年第 1 期。

紧跟时下热点和舆论风向已成为建设新型主流媒体的必备要求，抓住年轻受众实现舆论引导更是当务之急。因此，当《哪吒之魔童降世》用高口碑引爆票房时，以人民日报、共青团中央、光明日报、新京报为代表的主流媒体均在微博、微信、抖音等平台推送相关内容，环球网、凤凰网等同样在网页端报道《哪吒之魔童降世》热映事件，无论是电影解读抑或话题互动，都为《哪吒之魔童降世》的火爆进一步造势。当不熟悉亚文化和动画作品的“路人”和中老年群体看到权威媒体的推荐时，自然会对电影产生好奇，进而购票观影。此外，根据海马云大数据发布的《〈哪吒之魔童降世〉抖音热点传播报告》显示，电影宣发联动抖音所推出的哪吒特效在平台内风靡，超过50%的视频和kol使用了特效，特效视频渗透率及互动贡献均高于全站平均水平，李现、邓紫棋、Angelababy等明星的参与同样为电影带来不少的流量。哪吒特效引发的热潮也在随后波及全网，视频弹幕网站bilibili中便有多位up主（上传视频音频文件的人，网络流行词）自行创作“哪吒妆教学视频”，faceu激萌、b612咔叽相机等自拍软件也纷纷推出哪吒贴纸，《哪吒之魔童降世》这部动画电影也由此完成了“亚文化”向“大众文化”的转变，多屏联合、跨屏互动也在此时发挥了最大的作用，充分激发大众的参与热情。

总结而言，青年亚文化之所以被视作“次等文化”，只因为它处于相对小众、边缘的位置。它内含青年群体的价值理念和自我身份认同，同时也“表达和解决暗藏的或还未解决的父辈文化和社会现实中的矛盾”。在当下去中心化的互联网虚拟世界中，青年亚文化的声量被迅速放大，主流文化、大众文化和亚文化也在相互杂糅交融中逐步演进，从“伯明翰学派”的对抗性到在《哪吒之魔童降世》中显露出来的对话性和交流性，这不仅意味着《哪吒之魔童降世》营销的成功，更意味着社会愈发多元包容，能够让不同的文化在彼此中汲取营养，正是民族文化和艺术得以不断创新、前行的关键。“人的欲望是流动的，身份也可以是游移的”，放在文化领域同样如此。《哪吒之魔童降世》这一电影作品中就存在多种文化元素的杂糅，因此每个文化群体都可以在其中获得自己想要的东西，笔者认为这是《哪吒之魔童降世》最大的意义所在。

（三）多方联动：经典IP联动营销

相较于其他电影所采取的营销策略，《哪吒之魔童降世》一片最为出彩的便是与“西游 IP”电影《西游记之大圣归来》进行联动营销。2015 年上映的《西游记之大圣归来》被视作国产动画发展的转折点，片中曾出现“哪吒是女孩”的包袱。在如今看来，《西游记之大圣归来》的创作团队显然并没有预料到 4 年后《哪吒之魔童降世》电影的横空出世，但《哪吒之魔童降世》营销却巧妙地利用了这个包袱，与前者共同制作短片视频进行联动营销，网友也就“哪吒是男孩还是女孩”话题引发热议，《哪吒之魔童降世》电影的话题度一时居高不下。

“正如同中国真人电影的崛起，要从对老祖宗文化母体的自豪感开始，中国动漫化电影的崛起，也必然要从经典文化母体爆发”。[①] 回溯整个国产动画发展，虽然创作者们不约而同地选择从经典文学和传统神话入手，但从 2015 年《西游记之大圣归来》、2016 年《大鱼海棠》到 2019 年初的《白蛇：缘起》，国漫始终未成形成强大的工业体系作为产业内部支撑，幕后团队各自为政，电影作品本身也如其票房一般存在“断裂”的情况。有了“探路者们”的铺垫，《哪吒之魔童降世》的创作团队在这方面显然更加敏感：目前，出品公司彩条屋影业就将《哪吒之魔童降世》列入“神话三部曲”中，分别是《哪吒之魔童降世》《姜子牙》《凤凰》，并开始着手打造“封神宇宙”IP 系列。在《哪吒之魔童降世》电影的结尾彩蛋中，也流露出第二部《姜子牙》的精心布局。

更值得一提的是，由于在传统文学作品中，“哪吒”与“孙悟空”本身便具有一定的“互文性”，加之《哪吒之魔童降世》营销时与西游记 IP 的巧妙联动，笔者认为，这不仅是“封神宇宙”系列的开启，更或许是“中国神话”IP 的起步点。风靡全球的“漫威宇宙”系列便是在各部英雄电影之间寻找人物和情节上的联系，从而形成巨大的 IP 品牌效应。在《哪吒之魔童降世》电影票房节节攀高时，还有一个现象值得注意：当《哪吒之魔童降世》票房超过科幻电影《流浪地球》成为中国影史票房排名第二的作品时，《流浪地球》导演郭帆在微博发图文表达祝贺，画中宇航员与小哪吒击拳交接，充满了当下电影人对中国电影的肯定与期待，十分令人动容。

此外，《哪吒之魔童降世》不仅在线上进行营销，同样在线下进行了产业链的开发。目前，随着电影工业体系愈发规范化、系统化、完整化，“上游原

---

① 孔令涛：《从〈哪吒之魔童降世〉探索动画电影故事的产业化构建》，《新闻研究导刊》2019 年第 8 期。

创作品＋中游影视开发＋下游衍生产业变现”这一套全产业链已成为业内共识。因此，在《哪吒之魔童降世》电影大爆的基础上，彩条屋影业推出旗下漫画厂牌“一本漫画”app，旨在从上游入手激发中国原创动漫的创作活力，并且完善国漫产业体系，有利于形成 IP 品牌，全方位开发 IP 的商业价值从而获得更加广阔的市场前景。《哪吒之魔童降世》中的主角之一敖丙的个人衍生故事《敖丙传》便以漫画形式在“一本漫画”中连载，这不仅是电影到漫画的跨越，也是“哪吒”IP 的丰富和完善。同样的，在下游衍生产业链方面，《哪吒之魔童降世》先后与歪瓜出品、末那、minidoll 合作推出官方正版周边手办和潮玩，并通过众筹的方式进行。此举不仅能够探测市场对于哪吒周边的反响，同时也能有效节约资源降低风险，以免造成浪费。最终三个项目的众筹金额均超过百万元，可见《哪吒之魔童降世》影响力之巨大。它在点燃了大众和市场对国产动画的信心之余，还充分带动了周边衍生产业的繁荣。因此，可以说《哪吒之魔童降世》虽然来源于经典文学 IP，但在媒介转化过程和不断的营销传播助力中，新构建的流行 IP 已经获得了强大的生命力，甚至能够为经典文学 IP 重新注入活力。

《哪吒之魔童降世》的巨大成功固然是值得兴奋的，但在其中也暴露出国产动画行业内部的诸多窠臼与顽疾。电影幕后团队曾直言在创作过程中多次更换外包公司和特效师、缺少有能力的专业动画人才、不同环节间的协作管理不完善而导致制作断层……总而言之，目前国产动画工业的基础十分薄弱，仍然停留于“小作坊式”生产，业内也缺乏统一的管理规范，这显然不利于整个行业的长足发展。笔者认为，优质国产动画的稳定产出离不开科学的产业运作模式，只有通过整个生产体系和流程的规范化、系统化，才能使国产动画朝可持续的方向前进，从而形成相对稳定的市场底盘。国产动画行业如此，整个 IP 影视产业也是如此。《哪吒之魔童降世》为《封神演义》画上了一个完美的逗号，但对经典文学 IP 的改编却未就此止步，“封神宇宙”“中国神话宇宙”的美好设想仍在等待实现，因此，影视从业者应从《西游记之大圣归来》《哪吒之魔童降世》等作品的成功中逐步摸索出一套完善的经典文学 IP 改编创作和营销传播经验，同时加快影视产业体系建设，让《哪吒之魔童降世》的现象级火爆不只是昙花一现，让“国漫崛起”的口号转变成“中国文化崛起”的事实。

三、经典文学IP影视改编未来发展路径

悠久的文化与历史是中华民族最深厚的根基，丰富的神话故事和文学作品是当代影视艺术创作者取之不竭、用之不尽的宝库。从《红楼梦》《三国演义》《聊斋》等作品被搬上荧幕到《哪吒之魔童降世》的诞生，创作者从未停止对经典文学IP开发的步伐。然而，纵观中国影视行业，可以发现目前对经典文学的影视化改编还处在较为自由、管理松散的状态，由此开发的影视作品也参差不齐，不是以僵化的垂直改编思维创作一部又一部大同小异的作品就是信马由缰地对原始文本进行颠覆性重构，不仅没有展现经典文学的魅力，反而引起观众反感。加之网络文学的异军突起和流量时代的到来，目前大众对经典文学的熟知度更是远低于网络文艺。因此，在众声喧嚣之下，如何打造完整的经典文学开发系统和工业化生产链条，将更多富有艺术价值和文化内涵的作品通过影视这一艺术形式传递给大众，在浮躁的影视泡沫中注入一股经典文学的清新之风，同时令中华民族的文化艺术瑰宝得以历久弥新，是笔者在本节主要探讨的问题。

（一）策划：进行充分受众调研，开发蓝海市场

著名传播学者麦克卢汉曾说“媒介即讯息”，在互联网快速发展的当下，互联网思维是影视创作者必备的思维能力和素质。而所谓“互联网思维”，其实是互联网经济发展过程中形成的惯性逻辑，其中最为重要的一点就是重视对受众的研究。卡茨就曾提出“使用与满足”理论，该理论把能否满足受众的需求作为衡量传播效果的基本标准，其核心在于把研究的焦点放在受众一方，认为“受众具有能动性与自主性，会根据自己的需求来选择如何使用媒介。”[①]在当前的媒介场域中更是如此，传统的粗放型、大众化内容生产模式已经不适用日益垂直化、多元化的受众圈层，因此，在对经典文学进行影视创作前，必然要通过问卷调查、大数据统计等方式充分进行受众调研，了解受众的偏好、对经典文学的认知度，明确何种文学作品适宜改编成影视艺术，寻找最核心的受众群体并利用其特性进行创作，从而使内容有的

---

① 赵刚、宋艳、孙萌：《5G时代中国广电新闻业态转型发展对策研究——基于使用与满足理论视角》，《中国广播电视学刊》2019年第12期。

放矢。例如《哪吒之魔童降世》的成功因素之一便是抓住了核心受众，即二次元群体。而当下十分流行的网络文学 IP 改编，也离不开原著粉丝圈层和明星粉丝圈层的推波助澜，“饭圈”文化甚至一度成为全民热议的文化现象。因此，了解受众以抓住核心用户，是经典文学 IP 改编成功的必经之路。

同时，创作者在改编过程中也应拓宽视野，积极寻找还未发掘的蓝海市场。长期以来，四大名著及《聊斋》《封神演义》等作品一直在经典文学改编中反复出现，此类作品虽然具有很高的大众熟知度。就经典文学作品改编分析而言，有两点缺陷：其一，作品被改编过多次，观众对其内容过于熟悉以至于产生审美疲劳；其二，由于原作品本身名气过大，改编过程中的难度也相应增加，这往往表现在创作者过于审慎而不敢对原著进行大幅度的改编，但是“照搬原著”又陷入垂直改编的思维困境中，没有新意的创作自然无法吸引观众。因此，与其在红海市场中与热门经典及其过往无数改编版本较劲，不如选择更加冷门、较少被提及的经典文学作品，以此作为全新的蓝海市场。如《赵氏孤儿》《西厢记》《桃花扇》等杂剧以及中国话剧史上郭沫若、曹禺、田汉、夏衍等一批优秀剧作家所创作的话剧，相比四大名著而言得到的大众关注较少，本身又具有一定的文学价值和改编空间，不失为可行选择。

此外，笔者认为需要对“经典文学”进行一次再思考。传统意义上的经典文学是指“在历史潮流中得以脱颖而出的文学精品，往往具有极高的文学价值，具有超时空性、永恒性、纯粹性及原创性”。这是人们的共识，由于文学经典化的过程必然离不开时间的沉淀和社会伦理的再三审视，因此提及“经典文学”往往直接联想到中国古典名著。但随着时代发展，“经典文学”一词的内涵也在不断扩大，不同的学者对此也有不同的看法。例如有研究者便提出，如《玉离魂》《金粉世家》《啼笑因缘》等通俗文学作品不仅雅俗共赏，同时内含一定的写实精神，诞生以后很快便被改编成影视作品。《玉梨魂》就是其中的典型，该书就先后三次被第一代导演张石川、郑正秋和两位香港导演改编成电影，《玉梨魂》本身也成为鸳鸯蝴蝶派小说中影响最大的作品之一。因此，虽然通俗文学在很长一段时间内被主流文学史所忽视、轻视甚至被敌视，但随着通俗文学在文学史中所占比例增加，对其评价也在改变，文学界有关现代通俗文学的评价体系也已经发生了巨大变化。改革开放以后国内涌起的金庸热、三毛热、古龙热等潮流更是加强了通俗文学的影响。故而总体来看，“经典文学”的框架处于不断拓宽的趋势，对文学之经典性也有一个再认识的过程，因此创作者不必局限于古典文学的框架中，充分发掘还未被发现的优秀作品，从中去粗取精，融合当下时代精神潜心创作优质作品，才是促进中国 IP 影视产业的整体发展、让优质艺术作品涵育人心的关键所在。

（二）创作：积极创新改编策略，迎合时代发展

经典文学因其深厚的艺术价值而能够流传至今，但并非一切经典作品都是精华。艺术生长于时代的土壤，因此必然带着时代的烙印。这表现在许多古典文学作品中其实有许多已经不适合当今社会发展的文化糟粕。因此，创作者要积极创新改编策略，不拘泥于原著作品，通过对情节、人物、故事主旨的解构与重塑赋予经典文学崭新的艺术活力。俄国形式主义评论家什克洛夫斯基就曾提出著名的“陌生化”理论，意指“通过陌生化手段让熟悉的事物变得陌生和反常，设法增加艺术感受的难度和审美过程的长度。”如《西游记》《封神演义》《红楼梦》等经典文学都是大众耳熟能详的读物，在改编过程中采取陌生化手段就显得极为重要。它不仅能够通过摆脱人的思维惯性来引起观众的好奇，引起审美期待，还极有可能通过经典与流行的碰撞带来意想不到的审美体验。

2015 年上映的《西游记之大圣归来》便是其中典型。国内影视对《西游记》的改编数不胜数，西游记故事也是街知巷闻。创作团队没有循惯例重复师徒四人的取经历险，而是彻底打破原有的故事发展脉络，重新设计人物属性及剧情线，其所表达的主题也从原本“要完成一项伟业须得历经磨难”转变成了陪伴和自我救赎。电影对江流儿和孙大圣关系的处理尤其巧妙，唐僧变成了机灵可爱的话痨小和尚，孙悟空则法力尽失，显得低沉落魄满腹心事，虽然一路上仍有斩妖除魔的主线设计，但孙悟空对自我的叩问与救赎极具创新意义。无独有偶，2016 年《大鱼海棠》的创意虽然来自《庄子·逍遥游》中“北冥有鱼，其名为鲲，鲲之大，不知其几千里也”这一名句，整体的故事架构和人物塑造却是彻底脱离了原始文本；而 2019 年两部国产动画电影力作《白蛇：缘起》《哪吒之魔童降世》更是如此，《哪吒之魔童降世》中就融合

了诸多流行文化，甚至将反派角色敖丙设计成为与哪吒一体双生的“灵珠”，原本的反抗父权主旨也成为更贴近当今时代语境的“我命由我不由天”。这充分说明创作者完全可以解构经典，攫取其中的元素为我所用，只要讲好故事，有优秀的主题核心作为支撑，就能受到大众的欢迎和市场的肯定。

但同时也要注意，“改编本身就是一次文学创作活动”，因此“改编”不能“乱编”，不能随心所欲地天马行空，为创新而创新，为噱头而创新，如此只会招致观众的反感。而是要遵循艺术的创作规律，让人物在适当的框架下行动，赋予其新的生命力，才能创作出真正的好故事。除了对内容进行重构，笔者认为更为重要的还是故事主旨即意蕴的表达。孔子曾言：“《诗》可以兴，可以观，可以群，可以怨。”艺术从来不是如空中楼阁和镜花水月一般的幻影，而应是扎根于社会现实、切实反映生活、具有强烈的时代精神。戴锦华就认为：“每一次文学作品的电影改编，不仅意味着一次再创造，而且意味着一次后结构主义意义上的‘重述’。犹如任何一部文学或艺术的经典、名作之常新，不仅在于它们有着‘永恒的’审美价值；其常新刚好在于不同时代、不同社会语境下的一再重读，或曰再阐释。”[①]因此，创作者在重塑主题时，应注入自己对世界的思考，表现现代社会的人们共有的价值取向和精神追求，让艺术无愧于时代。尤其是在如今消费主义大行其道、丧文化流行、影视行业过度娱乐化的市场现状下，我们更需要这样的作品出现，唯有如此，经典文学艺术才能在时间的淬炼中历久弥新、永不褪色，文化传承的意义和艺术对人的引导作用也才能够显现。

（三）传播：打造媒体传播矩阵，提升影响力度

诚然内容为王，但如今正处于众声喧嚣的互联网时代，“酒香也怕巷子深”。因此，在对经典文学改编的影视作品进行传播时，无论是电影作品还是电视剧作品，都要打通各个媒体渠道，形成全媒体传播矩阵，对作品进行立体式营销。具体来看，可以总结出以下三条传播营销路径：

第一，利用大数据进行精准营销。笔者在前文已提到要通过大数据技术充分了解受众从而有针对性地生产内容，此理在作品的传播营销阶段同

① 景秀明：《“红色经典”电视剧改编研究的反思及改编的再出发》，《当代电影》2007 年第1 期。

样适用。“数据化不仅能将态度和情绪转变为一种可分析的形式，也可能转化人类的行为。”

因此，通过分析来自微博、微信、抖音、百度、淘宝、爱奇艺等各个类型平台的一系列交叉数据就可以生成关于受众的可视化数据分析报告，从而确定受众的观看偏好，锁定核心用户群体，并制定相应的营销策略，实现精准推送、有效营销。目前，利用大数据来降低投资风险已成为业内共识，例如2017年《一条狗的使命》上映时，阿里影业发行方就根据数据库对曾经在淘宝平台购买宠物用品、在豆瓣平台标注过《忠犬八公》等宠物影片的用户精准推送影片上映信息；根据数据显示，《流浪地球》上映前刘慈欣、吴京、吴孟达等在粉丝群体中热度极高，因此电影前期营销也主要围绕这三人展开。

第二，预热话题实现情感营销。所谓情感营销，指的是从潜在的消费者情感出发，有技巧地唤起消费者的情感需求，让营销变得“有温度、有情怀”，从而诱导消费者进行消费。成功的情感营销往往能事半功倍，这是因为当消费者为满足自身情感需求而进行消费时，其所看重的就不再只是产品的质量和价格，而更多地在于该产品所带来的心理上满足。目前，微博是中国网民接收外界资讯进行网络交流的主要平台，热搜榜单的存在可以在短时间内扩大某事某物某人的知名度。因此，适当利用话题营销引起网络讨论，从而激起观众的情感需求，是影视作品推广过程中不可或缺的一环。如《美人鱼》上映时就有“欠周星驰一张电影票”这一话题，这就是典型的情感营销。在《哪吒之魔童降世》的营销策略中同样如此，但相比前者，《哪吒之魔童降世》的情感营销显得层次更为丰富：其中既有“国漫之光”“国漫崛起”的热血自豪；也有“藕饼”cp粉嗑cp的情感驱动；此外还有中国人民对“哪吒”这一具有深厚历史底蕴的神话人物的喜爱之情。

但是，在利用话题来达到情感营销的目的时要注意切合性和内容关联性，不能生搬硬套，否则只能事倍功半。反面案例在今日的互联网营销中同样十分多见，比如《攀登者》以“吴京章子怡cp感”话题上热搜，却被网友吐槽“毫无cp感”；《地球最后的夜晚》用“一吻跨年”为话题进行影片预热引来网友极大关注，但这是一部极具导演个人风格、文艺气息浓郁的作者电影，许多普通观众无法接受此类影片，过大的心理落差导致《地球最后的夜晚》口碑与票房持续走低。

第三,以社交媒体引爆口碑营销。但最终,影响观众是否接受一部作品的核心在于作品的口碑。尤其是随着观众审美水平的提升,作品的优劣显得更为重要。这已经不仅仅是依靠推广营销就能达到的,而需要以实力为根本支撑。因此,围绕作品质感在网络社交平台上进行口碑营销,在自媒体和主流媒体的助力下扩大影响力,也不失为可行路径。笔者在此以有"国剧招牌"之称的"正午阳光"为例。正午阳光先后制作出品《琅琊榜》《伪装者》《欢乐颂》等优秀国产剧集,过硬的实力为自身打下坚实的口碑基础,此后,任何正午阳光出品的剧集都会自发地引起大众关注,《知否知否应是绿肥红瘦》《大江大河》《都挺好》《清平乐》《我是余欢水》等剧莫不如是。这充分说明,即便没有花样繁多的各类营销手段,只要内容足够优秀,利用恰到好处的口碑营销,同样能产生破圈效应。

然而,当前许多影视幕后团队急于逐利,往往将大笔资金投在营销宣传上,却忽视了对作品本身的打磨,用营销带来的热度掩盖作品本质的缺陷,陷入病态竞争的泥淖。这是十分不可取的。在笔者看来,一部作品想要火一时容易,想要流传下去成为经典却并不容易。经典文学本身就具有高度的艺术价值,以其为蓝本改编的作品也应继承它禁得住时间考验的这一特性,要在故事设计、人物塑造、主题立意上下功夫,让古老的经典文学为当今时代带来可比肩经典的影视艺术。

动画产业的发展应是长远与持续的,一方面要加强动画作品的创意,另一方面要打造良好的营销宣传渠道。近几年,国家对动画产业高度重视,动画产量处于"井喷期",在这一重要契机下,各地纷纷紧抓动画产业链中的动画旅游,效仿美国、日本等国在动画主题乐园方面的成功经验,建立各种动画主题公园。但由于缺乏对传统文化内涵和精华的深入挖掘,这些主题公园的主题大多雷同,无法展现民族文化的独特魅力,独具文化精神的动画主题公园极为稀少,缺乏市场吸引力和前景,没有收到预期的效果。动画产业的营销宣传渠道的打造,不能简单地模仿、照搬国外动画的方式与策略,应当建立具有民族化特点的营销宣传渠道。

在中国互联网广泛普及与运用的当下,也应充分结合先进的科学技术,提升动画产业营销宣传渠道的有效性和影响力。如《西游记之大圣归来》创造了动画电影9.56亿元的最终票房,其巨大的成功得益于网络媒体的充分利用。《西游记之大圣归来》采用“互联网+”的众筹模式，影片出品人在“朋友圈”发起众筹，成功获得所需资金。“互联网+”同样让口碑相传成为影片推广的新渠道，完成从粉丝群、业界领袖到普通受众的扩散，用博纳影业总裁于冬的话说，这对中国电影传统“产供销”体系带来的变化是“革命性的”。

（四）产业：完善经典 IP 开发体系，推动文化出海

除去前期调研、创作、营销传播，构建中国经典文学的影视 IP、充分开发 IP 的商业价值必然离不开完整的工业体系的支撑。因此，还需要完善 IP 产业链，通过开发衍生品、开设线下主题店、举办系列活动等方式来打造 IP 品牌。从《西游记之大圣归来》系列周边仅一天就众筹到 1 181.6 万，达成目标金额的 1 186％，到《哪吒之魔童降世》周边衍生品的火爆，恰说明经典文学 IP 的商业价值蕴藏着巨大潜力。但是，在针对此两者进行研究时，笔者也发现无论是《西游记之大圣归来》还是《哪吒之魔童降世》，其幕后团队在衍生品开发方面仍未有充足的准备，例如《西游记之大圣归来》在最初生产的衍生品做工不够精致，整体偏低龄化，《哪吒之魔童降世》的衍生品则生产相对滞后，错过了影片上映的黄金时期。此外，IP 衍生品的盗版现象十分常见，破坏了衍生品市场的良性发展。因此，未来在运营 IP 产业链时，各个环节需要进行更好的磨合与协调，同时提升对市场的敏感度，让经典文学 IP 充分彰显其本该有的价值。

长期以来，海外大片和电视剧进入中国影视市场是十分常见的，但较少看到中国本土影视艺术出海的情况。即便是出海，也主要集中在亚洲地区，“东热西冷”的现象严重，欧美仍是中国影视目前难以突破的圈层。这其中自然包括诸多历史、地域和文化因素，但国内影视艺术的创造力和创新性不足也是实际存在的，值得每个影视从业者反思。要扩大中国影视作品在海外的传播力，其中最主要的就是要提升跨文化叙事能力，寻找全人类共通的情感理念和精神追求，降低文化折扣。在这一点上美国动画产业的发展十分值得借鉴：它充分吸纳了阿拉伯世界的神秘主义、墨西哥文化、东方的禅意、道家理念、物哀意蕴等美学意象，融合美国核心价值观，催生了包括《阿拉丁》《寻梦环游记》《花木兰》在内的一系列动画巨制，一定程度上减轻了好莱坞影片在对外输出时的文化折扣，在全球都有着庞大的受众群，文化价值

和商业价值都极高。相较而言，《哪吒之魔童降世》虽然在国内获得了成功，却最终无缘奥斯卡，这正说明中国创作者尚有不足。

此外，目前还存在诸如优质影视人才不足、海外发行渠道稀缺、译制翻译不当影响艺术效果、国内影视制作水平整体较低等问题，制约着中国文化对外出海。因此，要从根本上改变目前中国影视产业在对外传播上的困境，需要行业内各个领域的专业人才共同努力，打造以经典 IP 为核心的出海渠道，同时加强国内对经典 IP 开发的人才培育，建设全面体系提升经典 IP 的质量和数量。与此同时，加强不同文化形态间的 IP 合作，以影视为核心充分挖掘泛娱乐化 IP 文化产品同样是可行路径。例如，在对外推广中国经典 IP 时，可以选择与他国创作者共同开发游戏、动漫、文学等多形态文化产品，营造"中国＋"IP 森林，并依托不断发展的智能技术开通国际"云文化专区"，针对用户的偏好精准推送中国影视产品，在文化交流之间实现中国优秀文化的成功出海。

综上而言，随着中国国家经济实力的提升，中国文化的对外传播也愈发重要。尤其是在全球化背景下，一个国家的文化软实力也是该国综合国力的体现，优秀影视作品的对外传播有助于树立中国形象，有助于在世界上发出中国声音。近年来，国家宏观层面也愈发重视对中国文化的培育和传播，不仅大力弘扬国民对传统文化的发现和改造，同时利用"丝绸之路影视桥"来增进丝路国家之间的跨文化交流，积极让中国传统文化"走出去"。因此，中国的影视创作者要抓住机遇，提升自身的创新能力，在政策的鼓励和国人的期盼下潜心艺术，并以科技赋能创作，打造出具有中国特色、源于经典闻名于世界的经典影视 IP，让中国优秀的传统文化被世界所看见，让中国的故事为世界所听见。

克罗齐说："一切历史都是当代史。"虽然经典文学带着古老的"历史感"，却能够在当代创作者的改编中重新获得生命力，成为能够表现当今时代精神、涵育当下人们内心的优秀艺术。在这一过程中，经典文学和影视艺术同样也在相互促进。具体而言，经典文学为影视艺术提供了深厚的价值内蕴和文学滋养，而影视艺术也不断地丰富经典文学的传播形态，使其得以更好地流传。构建经典文学 IP 的意义正在于稳定这种生产模式，让优秀的经典文学作品能够持续为每一个时代带来影响。

在对经典文学进行再创作的过程中,“忠实原著”与“创新重构”是改编的核心问题。首先,“忠实原著”并不意味着原搬照抄,不仅导演做不到,而且是由小说和电影/电视剧两种不同的艺术形态所决定的。正如乔治·布鲁斯东在《从小说到电影》中所认为的那样,当一个电影艺术家在着手改编一部小说时,他不是在将那本小说进行改编,他所改编的只是一个故事梗概,此时小说被看作是一堆素材,小说的人物和情节仿佛能脱离语言而存在,有着自己的神话式的生命。《哪吒之魔童降世》的改编策略正是按照这条路径,才能灵活处理哪吒与李靖之间的父子关系。其次,对于“忠实原著”的理解可以从两方面出发,一是对故事情节和场景的忠实,二是精神内涵的忠实。如此去思考对经典作品的改编,完全的“忠实原著”就显得更加不可取。主要原因在于经典文学不可避免地具有时代局限性,《封神演义》中浓厚的封建宿命论思想便是典型,因此虽然其文学价值能够超越时空,但精华与糟粕共存的现实不可忽略。再次,颠覆性的创新重构或许能够在经典与流行的碰撞中擦出灵感的火花,但是剑走偏锋式的创作具有极高的不稳定性,不适合产业化的生产模式,过度追求出新也并不利于经典文学的传承。因此,笔者认为在对经典文本进行改编时,需找到“忠实原著”和“创新重构”的平衡点,既不固守原著又不过度求新求变,让经典文学在“熟悉的陌生”中复活。这样的改编策略也许更加契合观众的审美趣味,能够达到更好的效果。

在笔者看来,构建经典文学 IP 产业群不仅能够延长经典文学的艺术价值和商业价值,而且也有利于中国影视产业的健康发展。从 20 世纪 30 年代全球视觉转向以来,影视艺术已成为当下受众范围最广的艺术之一,因此,影视创作所关注的并不只是作品的艺术质感,还需要重视其背后的社会影响。当前,网络文学仍占据 IP 影视改编的高地,然而细究网络文学本身,便能发现它虽然拥有庞大的受众群,能够在短期内获取巨大的经济效益,但真正的艺术价值和文学内涵却十分不足。随着网络文学的影视化生产链条愈发完善,网络文学的创作也近乎成为由“人设”“梗”“段子”拼贴而成的流水线产品,近年来火爆各个平台的甜宠剧便是其中典型。大量无意义的剧情对白和脸谱化的主角人设不仅降低了国产影视作品的整体水平,受众的审美趣味也在这一过程中被潜移默化地影响,如尼尔·波兹曼所言:“在娱乐的同时丧失了自己的精神、灵魂和信仰。”而经典文学中蕴藏着中华民族千年来积淀的民族文化和思想精神，通过对优秀经典文学的再发现不仅能够实现对国人的正向思想引导，而且有利于强化全民族的文化自信和凝聚力，同时也能对海外构建起当今中国既有深厚文化底蕴又充满现代性活力的崭新形象

结语：在路上

所谓泛娱乐，简单地说，即是以 IP 为核心，不孤立，协同合作地去打造娱乐文化产业的方方面面。而到了今天，以“科技＋文化”为标签的腾讯，显然已不仅仅是一家互联网公司，互联网巨头腾讯同时也是数字娱乐产业的巨头。然而，回到 2009 年，腾讯的娱乐业务还只有游戏，从游戏到泛娱乐，就要谈到起承转合的动漫业务。

为了让粉丝真正去接触、了解中国传统文化，腾讯动漫举办了多场《一人之下》的线下活动。2018 年 9 月，《一人之下》降临成都，在成都天府广场、漫卡街、青城山、都江堰、宽窄巷子等地举办多场活动，开启别样的“寻炁之旅”；动画《一人之下 2》开播之际，《一人之下》创作团队还前往火神真君庙，与道教大师面对面交流，共同探讨作品中的核心世界观。

除此之外，中国文化中显然还有大量可供结合与发挥的文化符号。譬如故宫，就是一个通过纪录片、动漫等形式，将传统文化转化成年轻受众所热爱的潮流文化的优秀代表。事实上，几年前，腾讯就与故宫博物院建立了合作关系，致力于打造“没有围墙的数字故宫”，之后，围绕故宫这个 IP，腾讯互娱展开了一系列开发，包括在《天天爱消除》中还原了金水桥、太和门等故宫知名建筑；在《奇迹暖暖》中分别以《清代皇后冬朝服》《十二美人图》以及养心殿文物为主题，进行了还原与再创作。通过 Next Idea 腾讯创新大赛，用故宫博物院授权的 IP 制作成表情包、游戏、条漫作品。与故宫成立联合创新实验室，探索先进的数字技术在文化遗产保护、研究和展示领域的应用范式，开发创制具有前瞻性和示范性的数字技术应用实例，等等。

在 2018 年动漫游戏博览会上，腾讯动漫又宣布，将与故宫博物院、腾讯 NI 创新大赛获奖青年团队合作，共同打造故宫主题漫画《故宫回声》，以民国时期为背景，讲述故宫博物院为了保护国家文物，将文物南迁的历史故事。

毫无疑问，承载着厚重历史的故宫文化，在年轻人群体中的复兴，离不开“数字故宫”这一互联网＋传统文化的模式。[①] 由此及彼，这样的方法论也正在被腾讯复制到和其他文化主体的合作上。

2018年底，腾讯就与敦煌研究院达成了战略合作，宣布携手共建“数字丝路”。除了已经启动的敦煌“数字供养人”计划，腾讯动漫则会与敦煌及蔡志忠团队合作，打造敦煌主题漫画。此外，还有以“敦煌”为命题举办的创意征集大赛，吸引了众多青年游戏开发者、动漫文学创作爱好者参与，优秀作品还会在“数字丝路国际文化博览会”上展出。受限于地理、交通、文物保护等因素，每年实际能参观敦煌的人最多也就几十万，但通过文学、动漫、影视、音乐、游戏等多元创意形态，就能让更多的年轻人感受敦煌的魅力，进而激发他们的传承、保护甚至创造意识。

五千多年的悠久历史铸就了灿烂的中华文明，并在浩瀚的历史中形成了自己独特的传统文化。中国动漫产业的长足发展与中华民族传统文化的积淀密不可分，这些文化为动漫创作者们提供了创意源泉。中国传统文化推动了中国动漫产业强有力的发展，使得作为文化产业重要组成的动漫产业对经济活动的影响越来越大，这是中国动漫产业发展相比其他国家而言的巨大优势。

在全球化背景下，中国动漫艺术创作的文化自觉之途，最重要的是要在传承中国优秀传统文化的基础上创作出更具有当代特色和艺术感染力的精品动漫。探索本土文化与国际文化之间的交汇，在深入挖掘本土文化的同时，探寻中西文化内核的共性，实现中国动漫走向世界的文化自觉和文化自信，取其精华，去其糟粕，推出发展创新思路，实现中国动漫的跨越式发展。

---

① 唐弋：《新国漫向传统文化靠拢》，《中国文化报》2018－10－27。

第四章

基于文化自觉的中国数字游戏产业发展

赫伊津哈(Johan Huzinga)在《游戏的人》这本著作中认为游戏首先是一种文化现象和社会现象，甚至激进地声称“文化以游戏的形式出现，文化从发轫之日起就是在游戏中展开的。文化在滥觞期就具有游戏的性质，在游戏的形态和情绪中展开。在游戏和文化的孪生体中，游戏是第一位的。游戏客观上是可以指认，可以具体界定的，与此相反，文化仅仅是我们靠历史的判断给具体的事物附加的术语。”[①]不过，赫伊津哈所说的游戏，可不是电子游戏，而是一个更大更广泛的概念，“游戏性质的竞赛精神，作为一种社会冲动，比文化的历史还要悠久，而且渗透到一切生活领域，就像真正的酵母一样。仪式在神圣的游戏中成长；诗歌在游戏中诞生，以游戏为营养；音乐舞蹈则是纯粹的游戏。智慧和哲学表现在宗教竞争的语词和形式之中。战争的规则、高尚生活的习俗，全都建立在游戏模式之上。”[②]无怪乎他铿锵有力地宣称：“我们不能不做出这样的判断：初始阶段的文明是游戏的文明。文明不像婴儿出自母体，它在文明之中诞生，它就是游戏，且绝对不会离开游戏。”

赫伊津哈的论述很精彩，也为我们建设了一个出色的理论框架。然而作为一个在二战中去世，无缘现代世界的历史学家，他所描述的文化的“游戏”，并不完全适用于随着计算机和互联网崛起，而在现代世界中逐渐占据主导地位的电子游戏。实际上，电子游戏的产生，与工业社会密切相关。没有工业革命带来的技术与知识的联姻，没有计算机产业突飞猛进的发展，电子游戏在物理上就不可能存在。但是，工业社会与游戏还具有深层次的精神联系。

在《失控》中，凯文凯利展示了一个生物学和机器合一的世界。也许，在文化的人和机器的人缠斗多年之后，我们迎来的未来，是生物—机器的人。

---

① 何道宽：《游戏、文化和文化史——〈游戏的人〉给当代学者的启示》，《南方文坛》2007 年第 11 期。

② 同上。

在这种共同进化关系中，游戏可以发挥出比过去任何一个时代都更显著的作用。游戏具有简单规则衍生出的无限复杂性，游戏的这种特性使冯·诺伊曼研发出用于计算机的可编程逻辑，开辟了控制论的新领域，并通过游戏动力学解释经济，创造了博弈论。博弈论充分利用了游戏的随机性，使经济学的动力问题具有趣味性，也使得复杂性从博弈局面中涌现。由于对方的意图难以完全预测，游戏的过程具有竞争性，结果具有随机性，而乐趣随之而生。

游戏与工作、与主流世界的两分，在这个新的时代似乎已经不再适用。也许我们正在进入一个无须为游戏的合法性辩护的世界。被尼尔·波兹曼极端地称作“娱乐至死”的这个以娱乐为文化精神的时代，也许正是游戏能发挥最大作用的时代。

实际上，无论喜欢与否，我们已经生活在一个游戏的世界中。

第一节　游戏与文化权力

改革开放以来，种种西化的潮流，从政治、经济、文化、生活等各个领域涌入中国，深刻地改变了中国的面貌，给中国的民族产业和优秀民族传统带来了一定的发展危机和挑战。

一、被网络游戏裹挟的“文化殖民”

目前比较流行的游戏，大多充斥着西方中心主义的色彩，贯穿着来自西方的价值观、世界观、文化观。西方游戏往往贯穿了传统的骑士文化、基督教义和绅士风度。谦卑、正直、怜悯、英勇、公正、牺牲、荣誉、灵魂这八大要素，是西方游戏尤其是战争游戏的价值观核心。这些价值观本身没有什么问题。问题是，在西方游戏世界里，中国人的仁、义、礼、信、智、忠、孝的传统往往都成了没有价值的东西，弱小的东方民族往往被西方民族打得落花流水，人与人之间的交流、民族与民族之间的交流，只有战斗和杀戮，完全是野蛮的。为了换得更多的经验与财富，游戏主角也往往要将帮助过自己的人杀死，并对弱小的敌人赶尽杀绝。所谓谦卑、正直、怜悯、英勇、公正……这些冠冕堂皇的价值观，在游戏的进程中完全没有体现。微软开发的《帝国时代》，其价值观的基本逻辑就是一个：胜者为王！游戏在基本冲突设置上，完全照搬亨廷顿《文明的冲突》的理论，含有文明与文明之间的必然冲突、必然相互斗争、必然只有一个生存的逻辑，其实就是丛林法则的表征。完全缺乏中华文明以和为贵的道德观以及全球通行的和平观。在这个游戏里，人类文明的唯一目的就是消灭对方，夺得唯一的生存机会，和野兽没有任何区别。以骑士传统为背景的西方文化，更多地表达了以达尔文"进化论"为代表的价值评判标准：生存竞争，胜者为王。就如斯大林所说：历史是由胜利者书写的。这种纯粹竞争性的野蛮文化道德理想，就是他们的"健全人格"。

自明治维新起，日本就积极脱亚入欧，在经济、文化、科技、制度上紧跟欧美。因此，在文化传统上，日本的游戏较之韩国和其他东亚国家，更能得到欧美市场的青睐。通过美国的扶植和20世纪60年代开始的高速经济发展期，日本实力越来越强，在全球化的过程中始终扮演着一个积极参与的角色；又由于欧美国家利用日本牵制中俄的战略企图，日本在高新技术领域得到了更多的支持，这在无形中为日本经济的腾飞、游戏产业的发展，以及融入以西方为主导的世界秩序，甚或在流行文化的发展方面，得到了巨大的助力。因此，日本任天堂的游戏产品，敢于创造世界潮流，敢于在美国本土与美国游戏一较长短，敢于在欧美大陆抢占市场，而且都取得了巨大的成功。由于日本在文化推销方面的成功，大多数欧美人对日本人的认同感仅次于欧美人自己。日本游戏在欧美大行其道，正有赖于此。

美国麻省理工学院的心理学教授霍斯汀曾著文分析：日本游戏文化和美国大众消费文化非常接近，充斥着自我、滥用技术狂与情绪化消费情结。日本产《三国》系列游戏中的《孔明传》，硬是把诸葛亮等一干军师归于"巫师"类人物，穿着道袍的"智圣"诸葛亮变成了外国人，在中国人自己开发的一些三国题材游戏里，诸葛亮也继承了"巫师"的传统，完全没有儒、道、法、医、农、兵各家杂于一身的中国特色。①

《帝国时代》系列里，封建时代的中国非常强大，而到了后帝国时代，中国无论怎么发展也敌不过船坚炮利的欧美列强。因此，《帝国时代》的玩家们纷纷选择了西方国家作为自己的战斗单位，并在胜利喜悦中成为欧美文化的崇

① 李新科：《中国游戏产业突围》，朝华出版社，2006年第1版，第112页。

拜者。日本《三国志》系列，用杀戮、征伐的武士道精神重新诠释了中国传统的三国精神，使中国玩家在游戏进程中越发觉得三国英雄人物就是"武士道"的化身，从而对中国传统文化产生了怀疑、不信任，甚至是羞耻和自卑，更有甚者，日本某些游戏还充斥着军国主义的阴魂，推行非人性的历史观和道德观，由于电子游戏的主要服务对象是涉世未深、文化意识还未完全建立的青少年，这种文化毒品将导致游戏生产国和游戏消费国文化建设的全面退步。

二、批判视域中的数字游戏产品

改革开放40多年以来，在政治方面和意识形态方面，政治气候的相对开明和宽松，社会观念的多元化和世俗化，使网络游戏这种"专事玩耍""不务正业"的另类事物的存在成为可能。在经济方面，市场经济的体制和价值观得以逐渐确立，"以经济建设为中心"的理念深入人心，从根本上推动了中国经济和科技的快速发展，为网络游戏的市场化和产业化准备了必要的环境。为网络游戏的快速发展提供了重要的经济、技术基础。在文化方面，改革开放以来大众文化的蓬勃发展为网络游戏的生长准备了适当的土壤和气候，对外开放政策的实施为中国网络游戏的发展提供了全球化的背景。在市场经济的迅猛发展中，文化的商品化始终是当代中国社会转型这一历史过程中的重要组成部分，至20世纪90年代，作为文化商品化必然结果的大众文化，不但被催生出世，而且惊人地成长，各种大众文化的产品突然覆盖社会各个层面和各个角落，其势如燎原大火。与此同时，处于社会转型期的大众面对越来越快的生活节奏、越来越大的生活压力、越来越疏离的人际关系、越来越虚无的人生感受，需要用游戏和娱乐来释放、缓解或逃避，这为网络游戏的发展提供了必要的社会心理基础和市场需求。网络游戏正是在大众文化这个森林中应运而生的一片树林。网络游戏的发展反过来又进一步壮大了大众文化的力量，并最终同电视剧、流行音乐、畅销书、商业广告等流行现象互相呼应，汇合成声势浩大的时代潮流，掀起"娱乐有理，游戏无罪"的浓重气氛。

在市场条件下，和所有的大众文化产品一样，游戏产品为了获得经济利益，赢得更多的消费者，就必须诉诸大众的共性，符合资本的意识形态，符合现存的社会规训，它就必然是意识形态的、霸权的、机械复制的、商品化的，它必然要否定和弥合社会差异。在这一点上，法兰克福学派的批判理论显示了应有的力度，如阿多诺所指出的那样，文化工业在大众传媒和日益精巧的技术效应的协同下，张扬一种总体化的整合观念，掩盖社会中主客之间的尖锐矛盾，同时用千篇一律的文化产品将情感纳入统一包装的意识形态，文化工业的整体效果是反启蒙的效果。

显然，网络游戏是逃不掉这种批评的。

网络游戏也是工业生产线上的一种文化工业产品。对此，法兰克福学派的批判理论有其用武之地。法兰克福学派的不足并不在于其对大众文化种种弊端的批判，而是在于它预设了一种本质化的人和文化，由此形成了理想化的、乌托邦式的文化范式，问题在于法兰克福学派既没有找到这种文化范式或者就某一范式达成共识，也没有构建或者生产出一种理想的文化范式。由于这种本质化倾向，它将大众对大众文化的接受也做了本质化的论断，这是武断的。后来的学者力图去除这种本质化，才看到了大众对大众文化的生产、消费是多元的。可以把肤浅解读得深刻，也可以把深刻表面化，而葛兰西所谓的霸权，在福柯的微观权力结构世界中，必然是一个撒播了的漂浮机制，是一个争夺的对象，大众文化就是这样一个机制、一个被争夺的对象、一个霸权展开的场域。网络游戏也是如此。

福柯的话语权力理论认为，某种话语对异己的话语的排斥、限制或剥夺，就形成了话语权力。表现在文化上，就是一种文化总是利用权力排斥另一种文化的存在和意义。事实上，由于西方文化的入侵和渗透，中国文化已经处在边缘。北大教授王岳川曾著文称，当前中国文化完全处于“被看”的地位。也就是说，在西方人眼中，中国人和中国文化，完全是一种需要观察和改造的文化，同时，他们西方人“责无旁贷”。这一点表现在国外游戏中就特别明显。中国玩家常常感受到国外游戏对中国文化的曲解，以及有意无意的歧视。

三、中国游戏产业的中国意识

“游戏产业和其他产业的发展有着类似之处，同样需要经历复制、模仿、创新三个阶段才能产生飞跃发展。包括游戏产业在内的多数产业在到达模仿、创新层次之前，都必须经历‘复制’他国产品的阶段。即便是现在主张‘独创性’的日本，在 20 世纪 70 年代后期，市场上充斥的也都是 Pong 和《打砖块》等游戏的复制作品。日本那些著名游戏厂商的游戏开发基础，都是在这个'复制'阶段培育起来的。因此,对于中国的游戏产业而言,'复制'在一定时期内可以说是一种'必要之恶'。但是,如果不加控制,任其长期发展,盗版就成为整个市场的基色,进而阻碍市场和行业的长远发展。"日本数字游戏学会副会长中村彰宪如是说。

中国游戏产业的中国意识,是树立于中国游戏商、中国游戏生态链工作人员、中国游戏迷心中的文化自觉与文化自信。不是在闭关自守的前提下盲目自信,而是在真心实意地欣赏国外产品的同时,创造出比他们的游戏更精彩、更动人、更美妙的具有中国文化意蕴的中国游戏产品。日本游戏商生产的《三国志》系列,韩国游戏商生产的《传奇》,其文化要素均背靠中国优秀的传统文化。实施本土化的发展策略,是中国游戏产业发展远景得以实现的一个有力法宝。也许我们没有更多关于世界潮流的创意,无法制造韩流一般风靡世界的冲动与激情,但我们拥有关于中华文化熏陶下的中国人心理的深刻洞察,完全可以掀起中国人特有的文化归属与心理关怀;也许我们还没有雄厚的资本和完备的技术,可以打造出无与伦比的超级巨制,并推广到世界任何一个角落,但背靠中国国内巨大的市场,完全可以制作出中国人民真正需要的具有中国文化意蕴的一流制作。

什么才是本土?本土应为一种文化理想。中国人特有的思维方式,中国人对现代化的特殊理解,中国人的竞争观念,中国人的发展思路,中国人的世界眼光,中国人的游戏精神,中国人的游戏风格……当这些都与国外文化判然有别的时候,才能称为真正的本土化。在外表包装上有着中国文化的烙印,比如,将中国的服饰、哲学术语、琴棋书画简单地运用于游戏之中,在游戏中做一个粗浅的表现,只是本土化的第一步,只是停留在浅层意义上的本土化。真正具有深层意义的本土化游戏制作,绝不是把产品搞成四不像的怪物产品。因此,中国游戏商还应该在已有的基础上向文化的纵深推进,将文化中更深层次、更精华的部分,引入游戏制作中。诸子百家、儒道学说、《易经》《论语》、佛学禅理、武侠精神、书画词章、象形文字、兵法韬略、历史文化、民俗风情……都是可资利用的文化资源,需要深入开掘。[①]

自20世纪90年代开始,中国开始有了自己的游戏产业。在经历了几年

① 李新科:《中国游戏产业突围》,朝华出版社,2006年第1版,第115页。

的引进之后，中国游戏产业在20世纪90年代后期开始自主研发游戏产品。随着研发能力逐渐提高，中国游戏商制作出许多佳作，如《赤壁》《剑侠情缘》、奥世的《铁甲风暴》等。但是，一方面市场不够成熟，经营水平不够高，而盗版冲击又特别大，致使国产游戏的研发一度走入低谷。在这个初期发展阶段，中国游戏产业最大的特点就是规模小，研发能力弱，市场开发少。总体而言，只是刚起步。

但是，进入21世纪，尤其是到了2003—2004年，由于互联网产业稳步发展，网络游戏在成就一批数字财富英雄的同时，也使中国游戏产业的发展走向新的高潮。另外，中国游戏产业也开始得到社会和政府的认可，并且得到了政策的扶持。政策、法规对市场监管与规范的加强，使中国游戏产业真正驶入了快速健康发展的轨道。随着中国游戏产业企业的成熟，市场竞争的变化，游戏产业市场门槛已经提高，整个产业开始变得有序和成熟，一批极具民族特色的民族网络游戏——《传奇世界》《剑侠情缘》《梦幻西游》，纷纷出世，并逐渐占据了市场的半壁江山。

在这个阶段，中国网络游戏对中国游戏产业的发展发挥了巨大的作用。随着索尼PS2在中国正式开始销售，2004年的中国游戏市场也细分为电视游戏和单机游戏、网络游戏三个部分，而网络游戏已成为其中最大的市场。由于中国网络技术的成熟，中国游戏产业终于在迷茫中寻找到了一个很好的突破口。

首先，在企业规模上，产生了盛大这样的超量级的大游戏商，而原来软件业的金山、门户网站网易、搜狐等，也通过开发网络游戏，扩大了企业自身的影响，增加了收入；其次，在市场规模上，2004年中国游戏产业已经有了近25亿元的市场规模；再次，中国国产游戏的名声开始变大，影响也日益增强。尽管还在使用国外游戏的技术和人才，但是，此时的中国游戏，已经逐渐摆脱国外游戏商的控制，并在一定层面上，向国外游戏叫板、挑战。中国游戏产业的发展从此进入了一个崭新的阶段。在这一阶段，中国游戏商必将在与国外游戏商共同开发中国市场的同时，展开对中国市场领导权的争夺，并最终决定世界游戏产业的新格局。

第二节 作为文化载体的游戏

早在1840年，中国在全球经济中占世界GDP的28%，即使在经过两次鸦片战争和太平天国起义之后，大清帝国在19世纪80年代建成的北洋水师也排名亚洲第一、世界第六。到底是什么导致中国落后？决定一个国家是否富强（不仅仅是富裕），不是金钱财富，而是这个国家的文化生存能力、文化想象空间、文化创造能力，以及由此产生的政治、经济、军事、教育制度所显示的文化竞争力、文明包容性、融通性和创新能力。

因此，当游戏作为一种强大的文化载体通行于世界，并逐渐进入主导文化生活的重要位置的时候，中国游戏必须学会拿起反抗侵略和殖民的利剑，坚决捍卫中国民族的生存与发展。必须坚持发展自主知识产权，包含中国文化特色的游戏品种，驱逐西方中心主义以及曲解中华文化精神内涵的国外游戏。就民族文化而言，如果背离了中国的传统，背离了本土文化价值，那么中国游戏哪怕再有“中国特色”，也只会成为西方中心主义的帮凶。①

后现代思想家德里达有一个既暗含孔老夫子的教育理念和教育实践，也可以与中国老庄和禅宗相印证的著名命题：不是在世界上游戏，而是游戏世界。如今，我们已经越来越深刻地认识到，游戏并非一种单纯娱乐的游戏，而更多代表着一种文化精神。早在20世纪末期，西方人已经把游戏视为人类的“第九艺术”。时至今日，游戏这个第九艺术迅猛发展，已经成为21世纪独特的文化景观。

一、游戏或成传播传统文化新模式

游戏空间一定有着特定的文化背景，在游戏中，游戏玩家将形成自主的虚拟的体验空间和个人世界，而所有玩家则形成了共同的网络游戏文化，并反过来作用于每一个玩家，对其世界观与人生观发生作用。因此，只有在游戏文化与社会文化的价值观、群体意识相吻合时，其价值才能得到更好的发挥。因此，游戏文化已经不仅是一种文化现象，而是已经演变成一种可以控制和利用的文化建设内容。

一种文化之所以能够战胜另一种文化，成为主导性的文化，是与其先进性连在一起的。我们实在不能想象一种没有任何文化背景的游戏能够成功。即使是缺少文化内涵的CS系列枪战游戏，也要灌输“反恐”的文化内

---

① 李新科：《中国游戏产业突围》，朝华出版社，2006年第1版，第113页。

容；即便是日本《提督的决断》，也要宣扬关于“武士道”的文化内容——尽管这里带有许多精神糟粕。尽管对于大多数玩家而言，游戏的游戏性是最重要的，但对于游戏的制作者而言，假如仅仅为了追求市场利润而刺激人类的欲望，而忘记游戏也是一种文化，必然得不到持续和长久的回报。唯有文化的精华能够使人产生永久的精神愉悦，得到精神的洗礼，创建优秀的、具有深刻文化内容的游戏，也意味着创建了一种先进的文化，从而推动民族文化的长远发展。

网络游戏的迅猛发展是近十年来中国大众文化领域中一个不容忽视的现象。它的兴起与流行是市场选择的结果，反映了开发者对消费者需求的揣摩与迎合，也反映了消费者对这种揣摩与迎合的认可。作为当代文化的一种表征，网络游戏从一个独特的角度折射出大众的需求和时代的情绪。深入文本内部考察网络游戏的文化建构机制是讨论如何规范，提高网络游戏的基础，也可作为审视当代大众与大众文化的一扇窗口。

从文化的角度来看，网络游戏是文化建构的结果，其本质是意义的生产流通和消费。网络游戏借助网络媒介的虚拟化、互动性和开放性，发挥游戏文化的自由性、平等性和愉悦性，设置了一整套包括美名、危机拯救主体、英雄、美女、地位、财富、情感、荣誉在内的复合体系，建构一个可供游戏者娱乐休闲、人际互动、自我实现或逃避现实的虚拟空间。网络游戏的迅猛发展说明了游戏开发者和消费者在文化上的契合。这种契合像一面镜子折射出游戏者的思想、情感和欲望，进而在一定程度上反映了大众的共同需求。

网络游戏以其迅猛的发展、另类的品格强势介入当下文化格局，必然引起各方面的关注。从政府的协调到媒体的报道，从大众的谴责到商家的辩护，网络游戏正在成为政府、知识界、企业、大众传播媒介和大众等多种力量的文化权力争夺场。基于不同的利益诉求和评价立场，网络游戏在政府、知识界、媒介、企业、游戏者和社会公众的视野里呈现不同的面目。

实践的发展给学界提出了一系列问题，诸如中国的游戏产业应该如何定位？游戏生产者应该怎样从游戏引擎研发、创意策划、设计制作、营销和服务等方面提高产品的竞争力？游戏商应该怎样在吸引游戏者的同时避开社会指责？网络游戏对游戏者有哪些正面作用和负面影响？在肯定其娱乐休闲、人际互动、自我实现等价值的同时应该如何减小网络游戏危害性？如何解决网络游戏沉溺问题？监管者应该怎样在宽与严，在经济效益与社会效益，在教育性与娱乐性，在游戏商与消费者之间取得平衡？网络游戏为什么吸引人？如果说网络游戏的流行是市场选择的结果，反映了生产与消费的契合，站在文化的角度，是意义的生产、流通与消费之间的契合，那么，网络游戏到底在进行怎样意义的生产？对这一系列问题的回答不仅关乎游戏产业的健康发展、游戏者的利益和政府部门的监管，也有助于为当代大众和大众文化的解读打开一扇窗口，开拓一个领域。但时至今日，这些重要的问题大多还处于悬而未决的状态。

二、传统文化的互动形式

传统文化的互动形式，绝不仅仅局限于直播这一种。从激发主动兴趣的角度来看，游戏或许是更值得探索的一个领域。根据中国青年报社 2019 年的调查问卷显示，88.8%的受访青年关注电子游戏中的传统文化元素，86.6%的受访青年喜欢带有传统文化元素的游戏。

在知名游戏平台 Steam 上，如今我们不难发现众多中国风独立游戏。从《古剑奇谭》到《侠客风云传》，都有众多拥趸。而《太吾绘卷》这种小成本开发游戏，甚至还吸引了老外对于汉语的兴趣。游戏中融入中国传统文化是极其细腻的，斗蛐蛐儿，中国武术，边玩边学边体验，是游戏产品的最大特色。而拥有更大用户群的网络游戏，更是有不少脱胎于国风文化的产物。比如网易游戏旗下梦幻西游、大话西游等旗舰 IP 产品就曾经和陕西历史博物馆、成都博物馆、敦煌博物馆等文博机构传统文化项目建立过深度合作。还曾将秦淮花灯、皮影戏、雕版印刷等传统文化元素融入游戏中。而诸如《剑网 3》《一梦江湖》这种武侠题材游戏，本来就是中国“侠”文化精神最好的传播者。

游戏相较于其他艺术形式，最大的特色就是沉浸式互动。比如同样是和敦煌博物馆合作，抖音、华为更多的是展示，而《梦幻西游》却可以做到将壁画场景融入游戏的同时，通过游戏任务设计激发玩家主动了解壁画故事，亲身经历大漠千年前的冒险。在近期，《大话西游》开发组更是亲临敦煌实地采风，推出了实景临摹副本“画窟幻域”，高度还原饱受风沙侵蚀的敦煌石窟，略显斑驳的壁画悠悠诉说着“鹿王本生”“天王决海”等经典故事。

在此基础上，考虑到游戏另一重社交推动效应，广大玩家就可以从单纯的文化接收者，变成主动的文化传播者。

游戏本质，是一种文创产品。一款好的游戏，需要的不仅仅是巧妙的构思、炫酷的画面，更重要的是拥有属于自己的文化内核。文化内核是凝聚力，也是生命力，是聚合玩家的基础。而这个内核完全可以从我们的传统文化宝库中汲取，毕竟，人文的艺术才是科技的最高境界。

文化本身就是动态的，它会传承、会发展、会变化。将原本过于“静态”的传统文化通过数字科技的手段进行创新和传播，让它动起来，活起来，这只是传统文化保护和传承的第一步。让更多的年轻人从数字化的世界走进传统文化，参与它的发展和推广，这才是真正实现“活水之源”的方法。我们期待有一天，能以数字科技为工具，“以古人之规矩，开自己之生面”。

近两年来，随着文旅产业的渐趋成熟，中国掀起了一股“敦煌热”，然而，除了浅层次的了解和认知之外，如何让这些古壁画中的人物和故事被当下年轻人所喜爱并传播，是一个不小的挑战。看到敦煌壁画，如果没有解释，没有更好的创意诠释，就很难理解。但通过创意解读，敦煌文化就会通过另外一种形式展现在年轻人面前。敦煌壁画充分再现了当时的建筑、服饰、音乐、交通、舞蹈、饮食等诸多内容，可视性非常强，在文化共享的内容选择标准下，这些敦煌文化里的经典元素，皆可通过新技术打造新的数字内容产品。

目前，腾讯已相继开发出一大批经典的数字文化创意产品，利用 AR、VR、AI、云计算等新科技提升受众的观赏体验，用科技活化文化遗产，使其在数字时代焕发活力，让文化触手可及。比如，腾讯游戏设计团队在做“飞天壁画”相关游戏设计时，其每一个细节都力求既有古典依据，也有现代创新。在这款皮肤的妆容设计中，唇部采用了点绛唇。这取材于唐朝时期（如 161 窟）画师流行的“点its”之法。发式取材于 322 窟的初唐飞天髻，髻饰取材于盛唐高髻戴宝冠（39/44/320 窟）。有 4 000 万用户在游戏里感受敦煌文化。

腾讯还将利用“开放的传统游戏数字图书馆”收集和整理敦煌壁画中的传统游戏元素，用线上游戏、VR 游戏、AI 美术作品等形式，重新演绎敦煌壁画上的传统游戏及其背后所承载的传统文化。[①] 那么,当传统文化连接上互联网,究竟会产生怎样的奇妙化学反应呢?

第三节 数字游戏活化传统文化 IP

在腾讯集团与敦煌研究院签订战略合作协议的发布会上,腾讯集团副总裁程武介绍了腾讯利用“泛娱乐”文化生态与最新的互联网技术与敦煌研究院科研成果结合的情况。“文化 IP 的演绎和活化,这是数字文保解决方案里非常关键的一环。我们将依托腾讯强大的泛娱乐业务矩阵,将敦煌的文化 IP 融入游戏、动漫、文学、影视等流行文化形态中。”

演绎和活化听上去虽然有些抽象,但并不是很难理解。比如,许多人都知道敦煌,知道其是丝绸之路的节点城市,是敦煌壁画、莫高窟、汉长城边陲玉门关和阳关的所在地,所蕴藏的文化底蕴不言而喻。但抛去神秘、伟大的“外衣”,大家对藏于敦煌壁画、敦煌遗书中的历史故事、传统游戏等了解甚少。这意味着,传统文化、游戏等需要通过一些大众化、亲民的形式呈现,以更易于理解和接受的姿态重回现代人的视野。而事实证明,在互联网环境下,“数字化”将成为解决这一问题的最佳手段。

比如,腾讯旗下的热门游戏《王者荣耀》使用了大量的传统文化中的经典角色,如哪吒、鲁班、姜子牙、孙悟空等,并融入了京剧、昆曲等中国特色文化元素。此外,腾讯还与故宫博物院、中国文物保护基金会合作,用互联网的方式去演绎故宫和长城的文化 IP,比如《天天爱消除》还原了金水桥、太和门等故宫景观,《奇迹暖暖》以故宫的《清代皇后冬朝服》《十二美人图》等人物画作进行再创作……在这个过程中,泛娱乐用自身资源保护了传统文化,传统文化则为泛娱乐提供了丰富的 IP 资源。

未来 5G 时代数字娱乐产业将逐渐与现有的娱乐方式结合,覆盖人们生活中的方方面面,因此也产生了很多值得深度挖掘的商业模式,而对于诸多游戏动漫厂商来说,围绕核心 IP 进行深度开发也是值得探讨的一个问题。影游联动算是一个开头,随着知名度的提高,可以继续推新的 IP,实现“新 IP

---

① 李瑞:《敦煌研究院将与腾讯携手共建“数字丝路”》,《中国文物报》,2018-01-03。

能够不断地出现，老IP保持经久不衰”的效果。

一、案例：《逆水寒》

作为一款来自网易、曾经登录央视《中国新闻》报道的武侠网游大作，《逆水寒》从发布以来就备受玩家的关注，它以温瑞安《四大名捕》《说英雄谁是英雄》《神州奇侠》三大系列小说为游戏背景，讲述北宋末年一段惨烈的大追捕，并牵扯出江湖恩怨、朝堂纷争、帮派仇杀、感情纠葛等。严苛烦琐的游戏细节、制作精良的画面表现，还有高度智能的NPC(非玩家控制角色)，一起组成了一个“会呼吸的江湖”。

宋朝被视为“华夏文明的巅峰”，成为中华传统文化的重要题材之一，近年在电视剧中频频露面。《逆水寒》开发组以《宋史》为主要研究资料，辅以《东京梦华录》《梦粱录》《武林旧事》等描写宋代风土人情的随笔、散记，配合上万首同时代的宋词宋诗，以一词一句的精致衡量，复原出一个逼真、精致的大宋江湖，且使用了领先的计算机技术，全景式还原大宋的市井生活。以一种独特的方式展现了千年前汉文化的巅峰。让更多人感受到大宋风雅之美和传统文化的魅力。《逆水寒》用一种新的模式让当代年轻人重拾对中华传统文化的自信，这种方式得到了众多年轻人的喜爱。

(一) 百花齐放，丰富多彩的大宋文化

宋朝是中国传统文化与审美上的一个黄金时代。喝着小酒，唱着小曲，醉看闹市，浅斟低唱，一派繁华景色。苏东坡的“大江东去浪淘尽”，李清照的“凄凄惨惨戚戚”，张择端画笔下的繁荣，硝烟四起的动荡局势，这些仅仅是大宋璀璨文化的一小部分。

《逆水寒》正是以宋朝为背景的游戏，将中华传统文化巅峰的宋朝文化毫无保留地展现在玩家面前。游戏不仅在画面上做工精细，而且在氛围和玩法中加入独特的设计，让玩家能够切身体会“风雅宋”的传统文化。在游戏画面上，游戏内的街道、建筑、布局都是根据宋史的研究资料，严格复原宋代风貌；在游戏氛围上，玩家通过探索，可以触碰历史人物、历史故事，更深入了解一千年前人们的生活方式与精神文化；在游戏玩法上，日常的科举玩法，七夕的结缘活动，冬至的冬节活动都对传统文化进行了重新演绎，让古

典中国文化之美焕发出全新的光彩。

(二) 会“呼吸”的大宋景色

《逆水寒》精细地刻画了历史场景，将清明上河图、汴京、杭州等大宋时期的场景完美复原。宋朝生活图景《清明上河图》，堪称北宋社会的“百科全图”。故宫展出这幅作品时，要排队 6 个小时才能见它一眼。现在进入游戏便可一览此图。

在《逆水寒》中，所有东西都被赋予了生命。你走在街巷可以听到街边小贩的吆喝声，可以看到路人有快有慢地赶着路，可以清楚地看到街边树木上一片片映射着绿光的叶子，树叶随风飘舞，水里的鱼儿因为玩家走过会四散而逃，这些逼真的场景，让人似乎置身在其中。

(三) 游戏内跃然纸上的大宋春节

百节年为首，春节是中华民族最隆重的传统节日。在春节期间，《逆水寒》推出了大宋春节庆典，一点一滴挖掘尘封在史书中的春节习俗，悄悄地展放在游戏的每个地图中。根据《梦粱录》记载中描绘的场景，《逆水寒》真实地还原了北宋过年时朝廷的风貌。清晨时，玩家可以在汴京皇城外看百官和外国使节陆续列队等待宫门开启，依次入宫参与朝会的经典场景。除了百官朝贺的宋朝官礼之外，《逆水寒》还精致地复原了宋朝的每样年俗，给大家带来一个完美复刻的大宋春节。过年期间，汴京与杭州两处主城，会随天气变化，实时下盖过膝盖的大雪。各处府邸民宅，人们会打扫门庭，为自家挂上灯笼、桃符、门神、旗幌等各种装饰以表去旧迎新之意。正月初一，汴京各家各户相互来往、拜年，大人小孩在街巷中放爆竹。在游戏中，汴京杭州村民聚集、敲锣打鼓迎接春牛的场景，正是对大宋传统“打春牛”的习俗还原。据记载，立春前一日“迎春牛”，立春当日“打春牛”是中国传统农耕文化中最有特点的春节习俗。

另根据《东京梦华录》里记载，“正月一日年节，开封府放关扑三日”，北宋时期初一到初三开放关扑这一类的小型博彩活动。在游戏中，玩家们能看到小贩带着货品穿街走巷，以抛掷铜板的方式兜售货品，热闹非凡。《逆水寒》开发组翻阅大量史实，挖掘那些被人们遗忘的春节习俗，加入游戏的每个地图中。这些习俗,还会依据不同的地域进行不同的放置。玩家在杭州地图上,可以看到舞狮、高跷等杂技表演和欢声笑语的关扑嬉戏,与汴京的人文风俗完全不同,这便是复原了宋朝杭州城因为经济雄厚和文化百家争鸣而孕育出的特色文化。

著名历史学家纪连海也在其评论文章《如何重拾中国传统春节文化》一文中,为《逆水寒》亲自点赞:"传统文化并没有沉睡在历史中,而是通过创新的现代形式再次焕发光彩。"作为一款游戏,《逆水寒》死磕北宋文化的决心背后,体现的是《逆水寒》的开发者厚重的文化责任感,而玩家越深入其中,越发能体会到两宋文明到达的高度,正如陈寅恪先生所言:"华夏民族之文化,历数千载之演进,造极于赵宋之世。"①

二、案例:《绘真・妙笔千山》

中国十大传世名画之一的《千里江山图》代表了宋代青绿山水画的巅峰水准,绘画所使用的颜料色彩经过千年不褪。这幅由天才画家王希孟绘制的名画就收藏于故宫博物院中。

故宫博物院和网易合作的一款以之为蓝本的冒险游戏《绘真・妙笔千山》,把这幅传世名画由静态转换成了动态,意在还原中国传统绘画瑰宝——青山绿水的意境和效果。通过对《千里江山图》构图、细节、用色、层次的研究,还原其意境和效果,是文化与游戏的结合。

"青绿山水"作为一种中国画的技法,以矿物颜料石青和石绿为主,故此可以绘制出少见的绚丽色彩,在中国古代绘画艺术上占有一定的地位,而《千里江山图》则是青绿山水发展的里程碑之作。为了还原这一中国传统绘画瑰宝,《绘真・妙笔千山》游戏制作团队前往故宫研究《千里江山图》原作,反复试验,通过自研的 NeoX 引擎和专有游戏技术开发平台,将游戏地表、山石、植被等拆分而作,结合手绘和 3D 建模,使用独特的渲染技术,使水纹、山石、云海灵动,游戏画面较有表现力,较好地呈现了青绿山水的画风。加入了 VR 元素。让我们能够近距离接触《千里江山图》的每一个细节。赏层峦叠嶂,品屋舍村落,看桥梁渡口,观山水间的早行之客、晚钓之翁。所谓国

① 贾冬婷:《我们为什么爱宋朝?》,《三联生活周刊》2017 年第 2 期。

风，不过如此。这款游戏让这幅沉睡了千年的传世名画，一下活了过来。让我们有幸回到了一千年前的宋代，进入王希孟笔下的山水画中。

这是一款套着科技外壳却住着一颗古老灵魂的游戏。通过新的技术和表现形式，给古老的绘画作品重新注入生命，让艺术形式焕发新的生机，在浮躁的网络文化以及信息爆炸的时代，通过游戏这种传播媒介让受众沉浸其中，欣赏一幅沉淀了千年文化底蕴的传世名画是这款游戏最核心的使命。

三、案例：《剑网 3》

《剑网 3》凭借地形植被渲染技术、场景光影特效和 SpeedTree 等引擎特效来展现中国传统武侠世界，将诗词、歌舞、丝绸、古琴、饮酒文化、茶艺、音乐等多种具有中国传统文化特色的元素融入游戏中，展现给玩家一个气势恢弘、壮丽华美的大唐世界。

（一）游戏背景

《剑网 3》将故事背景设立在盛唐走向中唐时期，故事的转折点是天宝十四年，安史之乱的爆发，其后的游戏故事与历史发展高度统一，玩家从故事伊始的无名小卒到时代英雄的侠客，个人故事与家国命运紧密相连。其武侠文化从游戏开端就得以展现，《剑网 3》开篇就是一段典型的武侠片段——兵荒马乱中，一代大侠为救故人的妻、子，与恶人殊死搏斗，最后舍命坠入断崖之下……动画到这里就结束了，但故事未完，设置悬念，让玩家带着好奇心进入精彩的剑侠世界。《说唐》中介绍，随着历史的进程，侠客们一开始各行其是，之后逐渐按照不同的地域划分出不同的派别，中国的武林制度就此开始萌芽。江湖上一直有“一教两盟三魔，四家五剑六派”的说法，据传他们代表整个江湖最顶尖的全部实力。《剑网 3》的故事也是从“一教两盟三魔，四家五剑六派，七星战十恶”开始，江湖险恶激烈的纷争，各门派的内外矛盾，各人物命运的交织，共同构成了一个丰满又宏大的游戏背景。

（二）动作招式

陈平原的《千古文人侠客梦》中提到，唐宋传奇中的侠客的武功为技击和道术，这一传奇色彩以及中国传统诗歌文化都融入《剑网 3》每个门派的招式、武器、武学、心法中。纯阳门派是一个纯输出门派，其“太虚剑意”招式擅外功近战，“紫霞功”招式擅远程内功，招式的取名蕴含中国传统文化元素，极富武侠色彩。苍云派的武学强调攻防一体，玩家可以在刀盾间自由切换，战斗时会有特别的节奏感，挥动的一招一式颇具中国功夫特色。如苍云派的武学修炼中，双持刀法“劫刀”的修炼秘籍为“穿行往返刚柔济，披荆斩棘化劫生”，“闪刀”秘籍为“出似长龙收若蛟，行云流水锋鸣刀”，武学招式都配以诗歌介绍。另外，《剑网 3》本就以“开启 3D 武侠轻功时代”为宣传语，其技术高度还原了传统武侠中登萍渡水、空中翻腾的轻功技法，还打造出马术等轻功模式，在展现武侠精髓的同时开创了东方独有的轻功动作概念。

（三）背景配乐

《剑网 3》在背景音乐中也融入了古琴、粤剧等传统文化元素，更添古韵。古琴，又称七弦琴，是汉民族传统乐器，有三千年以上历史。《剑网 3》门派中长歌门的武器就是古琴，其部分 NPC（非玩家控制角色）的登场都伴随悠扬的古琴乐，配乐由名家弹奏，音质佳，让玩家娱乐时代入感更强。《剑网 3》在现实中还打造了音乐剧《剑胆琴心》，汇聚古风圈名家阵容，其资料片对门派设定、文化传承、场景实现进行了诸多考据，古琴泰斗郑云飞实录的《高山》以及桂震宇的《冬雪》也融入其中。又如粤剧《决战天策府》，剧本取材自《剑网 3》，把传统粤剧元素和网络游戏有机融合，开创了粤剧与网游合作先例，高度还原游戏中的武打动作，配以大气磅礴的音乐，在多地的《剑网 3》线下游戏文化盛典中演出，反响热烈。

（四）服饰配饰

中国是历史悠久、文化灿烂的多民族国家，服饰文化颇具特色。传统服饰文化也是国粹之一，影响着现代的审美情趣。《剑网 3》中游戏服饰也是吸引玩家的一大亮点，其融入了大量的中国传统服饰文化元素，如藏剑门派的外衫“肃肃松下君子风”、天策门派的“金戈铁甲铸军魂”、万花门派的“墨色晕染质清霜”。游戏推出的秋季披风“万态皆寐”系列就添加了白云、冬雪、紫蝶与绫罗等传统元素；风骨霸刀的服饰设计保留了经典任侠风格，紧身皮甲不失刀客的疏狂，同时加入北方特色的白色皮草，显示世家的霸气；翠鸟与丝路的时装海报中，“楼兰旖语”透明轻纱显示丝路楼兰的异域风情，“绸云缇雨”是传统国风的演绎，彰显君子如玉的温润气息。《剑网3》游戏中的特效挂件“九霄环佩”，本就是一把千古名琴，以梧桐作面，梓木为底，作圆首与内收双连弧形腰，相传为“伏羲式”，因为它在传世唐琴中最为独特与古老，明清以来就成为古琴家所仰慕的重器。同时，其佩戴时的歌曲就是由知名古琴演奏家桂震宇录制的。

四、案例：《梦幻西游》

中国大部分网络游戏的创作灵感主要来源于历史典故，《梦幻西游》这款网络游戏也不例外。《梦幻西游》是网易以《西游记》故事为题材打造的民族游戏品牌。从诞生至今，已经累计获得了超过五亿玩家的喜爱。在发展自身规模的同时，《梦幻西游》也一直致力于以游戏为平台，将优秀中华传统文化传递给玩家。让玩家能够在游戏的过程中传承和守护这些优秀文化遗产。

每款游戏都有场景设计、情景设计和系统设计，场景设置包括人物的服饰造型、建筑的风格、武器、宠物、各地的地理风貌、角色台词等，融入了许多中国传统文化因素。

游戏中场景分为仙境、魔界、人间三大部分：人间的建筑多以亭台楼阁、塔阙牌坊、桥廊榭舫为主，再现了大唐时期气势磅礴、色彩鲜明艳丽的建筑风格；仙境则以云雾缭绕、金碧辉煌的画面展现，给人以似幻似真的感觉；魔界则多以大漠凄凉、阴沉灰暗的主题展现。在游戏任务造型设计方面，设计师大胆创新，运用3D的造型设计让游戏人物更加丰满，行为举止更加生动；借用古代服饰样貌特征，头盘发髻、束带踏履的古人设计，反映了当时是通过服装的样式来区分社会阶层的现象。通过古典造型与现代游戏造型的融合，创造出游戏既能展示古人服饰的特色又能让现代人接受的“新人类”，得到广大玩家的认可。

“五行之说”被运用到游戏角色的属性上，通过简单的数字和符号说明五行的关系。“青花瓷”“清明上河图”等艺术珍品都是中国文化珍品，这些被珍藏的文物难得一见，在游戏虚拟场景中，玩家大可拿着小铲子去挖宝，这些艺术珍品马上展现在玩家面前，游戏策划人正是利用了人们的好奇心理来宣传中国文化艺术，展现中国瑰宝的魅力。节日期间游戏中也会有很多富有内涵的活动，比如游戏中元宵节猜灯谜就非常有中国韵味，如“小小诸葛亮，独坐中军帐，摆下八阵图，专捉飞来将，是指?”“一对小小船，载客各五员，无水走天下，有水不开船，是指?”“唐僧在哪个国家被变成老虎?”“五岳中，西岳是指?”。灯谜的内容涉及经济、政治、文化、风俗节日等内容，展现着中国传统文化的点点滴滴。

《梦幻西游》电脑版不仅将科举、翰墨、锦衣等传统文化融入游戏玩法设计之中，为玩家展现中国古代文化、文学、服饰领域方面的知识。在 2019 年 6 月，它更推出了“匠心传梦，非遗守护”计划，邀请国家级非遗传承人吴元新大师，以敦煌壁画为灵感，打造飞天入梦蓝印花布，并将其融入游戏玩法之中。从线上到线下，玩家能因此全方位感受非遗文化背后的故事，从而成为这些文化瑰宝的传承和守护者。

在《梦幻西游》电脑版将蓝印花布和敦煌壁画介绍给游戏玩家的同时，《梦幻西游》手游也与陕西历史博物馆开启了以“国宝守护”和“壁画修复”为主题的相关合作。在此次合作中，《梦幻西游》手游不仅通过公益基金捐赠的方式，助力陕西历史博物馆壁画修复事业，更将《阙楼仪仗图》等 18 件馆藏国宝化为游戏玩法的一部分，将其介绍给亿万玩家。

通过此次合作，玩家可以身临其境地体验文物诞生年代的风土，而传统文化也有了新的渠道，可以走进年轻一代人群中。

与敦煌博物馆展开的“梦回千里是敦煌”主题联动让很多人都感受到敦煌文化的独特魅力。在高校联动中，中央美术学院和北京服装学院的师生共同发起了“旖梦敦煌”游戏服装设计联合课程。在课上，教师对敦煌文化进行了生动讲解，学生们也亲手为梦幻西游创作了多个具有敦煌特色的游戏服饰，让灿烂多姿的敦煌文化以游戏为载体重新焕发新生。

作为网易原创游戏 IP，《梦幻西游》自诞生以来，一直致力于以自身为载体，为玩家传递中华传统文化之美。在这一基础上，《梦幻西游》积极与诸多品牌开启跨界合作，寻求以不同的方式为现代与传统搭建起一座文化桥梁。2019 年 9 月 19 日，人民网从《指尖上的梦幻》出发，对《梦幻西游》于传统文化传播领域取得的成就进行了报道，向读者展现了一个游戏品牌是如何以自身为基点，探索文化价值的边界所在的。

《指尖上的梦幻》，是《梦幻西游》携手《舌尖上的中国 1》制作团队联手打造的系列微纪录片。正如人民网所言，目前该纪录片总播放量已经突破了 4 500 万，微博同名话题阅读量达到了 2 亿，并获得了广告门金瞳奖最佳微纪录片的荣誉。这一系列微纪录片以中华传统文化匠人和游戏行业从业者为出发点，探索他们在传统文化领域所付出的匠心。虽然他们身处不同的世界，但他们都作为文化的传递者，将过去连接到未来。从皮影戏到榫卯再到活字印刷术最后到昆曲艺术，游戏将这些文化艺术用数字的形式演绎了出来，让新生代玩家也能感受传统之美。

第一部《光影》从皮影戏和游戏美术设计切入，讲述西游故事在不同载体上的"传承"，奠定了系列纪录片的主基调；在此基础上，第二部《坐标》，则站在榫卯古建筑手艺人和程序员的角度，描述了身处同一个时间轴上的两代人是如何连接过去与未来的；在第三部《规矩》中，视线转向了活字印刷术和游戏 QA 团队，剖析恪守本职的"慢精神"；而近期推出的《形韵》，制作团队又以"取经"为主线，点名百戏之祖昆曲和游戏影音设计之间跨越百年的古典美学契合。

五、案例：《王者荣耀》

（一）《王者荣耀》中的人物设定

腾讯在准备开发《王者荣耀》时，一开始并没有想将世界观铺得如此宏大，只是想开发一款三国题材的游戏。不过，在开发过程中，腾讯对《王者荣耀》的定位发生转变，直接促成了这款游戏的风靡。一般来说，在开发这种古代文化题材的游戏时，整个团队都要搜索相关的历史、戏曲、文学等资料，在不断深入挖掘之后，觉得只是一个三国难以容纳下游戏的世界观。如果想在产品上做出突破，游戏开发团队就必须跳出原有的思维框架，去构建一个架空的世界观。所以，《王者荣耀》里的英雄是历史文化形象在架空宇宙的重新演绎。《王者荣耀》的人气角色之一——李白便是如此，在人们的惯有印象中，李白是一名斗酒千诗的"诗仙"，但很多人并不知晓他本身的剑术极为精湛，师从当时的第一剑术大师——"剑圣"裴旻。就这样，"剑胆琴心，诗酒谪仙，天纵奇才，文名百代"成了游戏中李白的形象，其中"将进酒，杯莫停”“十步杀一人，千里不留行”这两句李白的经典诗句成了游戏台词，这直接体现了李白潇洒豪放的浪漫主义，和他自己推崇的剑客侠义。为了符合时下年轻人的审美，游戏在人物设计上偏向“二次元”、偏潮流时尚的风格，同样的设定在关羽、荆轲这些英雄身上均能体现——既看到了人物本身在历史中的精神气质，也在审美上符合年轻人的诉求，只是在外部形象进行艺术创造和加工，精神内核并没有发生变化。中国社会科学院文化研究中心原常务副主任张晓明对此也认为：“一款游戏对于历史事件的解释，比如穿越和不同历史时期的混搭，一款游戏对于历史文化人物的诠释，把其塑造为符合现代人娱乐需求的角色，这些操作都是应该被允许的，对于激发年轻人对历史事件和历史人物产生兴趣也很有好处。”

（二）《王者荣耀》的皮肤设计

1. 敦煌文化——杨玉环：遇见飞天

杨玉环的背景资料中，除了朝代之外，其他和敦煌并没有太大关系，但是因为敦煌“飞天舞女，反弹琵琶”的形象最为经典，而琵琶也是中国早期舞蹈家杨玉环的拿手本领，所以两者形象最为符合。设计师和敦煌文化的专家一起合作研究，力求还原最神形相符的形象，最后以玉环的妖娆尊贵配合敦煌斑斓的异域色调，使飞天舞女的形象显得更有层次，一种仙气悠然的状态始终萦绕。

2. 戏曲——虞姬：霸王别姬；甄姬：游园惊梦

先后使用了京剧、昆曲、川剧变脸等元素。

甄姬的游园惊梦主要是根据《牡丹亭》里面的故事，在昆曲的背景下扮演的杜丽娘人物状态更生动。

3. 神话传说——后羿：辉光之辰；杨戬：永曜之星

在人物出现之前，有一个类似于壁画或者是早期奇闻逸事记载书籍的刻画风格，和杨玉环的“遇见飞天”有异曲同工之妙。从人物铠甲到武器都用火焰和金色来打造，图案纹路都采用团云形象，与天神的身份呼应，也凸显了中国传统美学风格。

游戏官方开设了《为你读诗》栏目，通过游戏中玩家熟悉的配音演员来朗诵《将进酒》《九歌·东皇太一》等，引发玩家上百份自发朗读的投稿。根据百度指数显示，在《王者荣耀》发布东皇太一的角色后，网络上关于“东皇太一”的搜索量激增，原来有很多用户都是通过游戏第一次认识了这位来自中国古典文学楚辞《九歌》中祭祀的天帝，进而在网络上搜索相关知识。而后相继推出的《王者历史课》《荣耀诗会》《历史上的 TA》《长城公益》等一系列周边栏目，均获得了大众的认可。让众多追随潮流的年轻人对传统文化产生了浓厚的兴趣。

除此之外，MMORPG（大型多人在线角色扮演）类游戏，如由金庸同名武侠小说授权改编的手游《神雕侠侣》，以《聊斋志异》中《聂小倩》为蓝本改编的手游《倩女幽魂》，由同名小说改编而成的端游《天涯明月刀》等，其基本思路也是大同小异。三国、西游等题材作为国产优质 IP 在游戏前期宣传上无疑可以“吸一波粉”，但游戏自身运营问题和游戏体验差、内容单调无趣也导致后期用户流失严重，对传统文化的开发止步于场景、服装的中国风设计，缺乏更深层的挖掘。这些古老的和新生的全球文化元素，背后还需要设计一套与之相配套的价值观属性，就像日本游戏《三国志》对于英雄的设定更强调东方的“仁”“忠”等特性，从而显著不同于西方英雄的力量、敏捷、魔法等属性一样。

可以说，数字化科技提升了中华文化传播效果与影响力。具体审视表现如下：

一是数字化科技拓展了中华文化表达的空间。新技术在描摹、记录、呈现、传播、弘扬、振兴中华传统优秀文化时，可以创造性地转化和创新性地发展，赋予文化新的生命力。[①]

二是数字化科技拉近人与文化的距离。现代信息技术包括计算机图形、计算机视觉、无线和移动计算、视频处理、机器人、人机交互、行为科学、材料研究等，这些研究成果将人与文化的距离拉近，3D 触感算法、魔法手环、光线追踪渲染软件、Hyperion、LED 灯通信技术等高新科技，将人类带入一个沉浸式的文化娱乐世界。

三是数字化科技提升文化感知的温度。科技是冰冷的，文化是沉寂的，而“科技＋文化”却让文化复活、灵动起来，虚拟现实技术 AR 和 VR 等人工

① 童清艳、刘璐：《网络与数字传播：增强中华文化全球影响力的有效途径》，《现代传播（中国传媒大学学报）》2019 年第 6 期。

智能将从根本上改变人类的文化娱乐体验，也创造了更多的个性化体验。

作为承包大众大半娱乐内容的数字服务平台，理应承担起重要的社会责任。如今，各个平台上的内容来源越来越多样化，泛娱乐所覆盖的领域也更加丰富。基于内容的大娱乐生态联盟，利用企业平台推动内容，服务和商业价值得以实现。仍需注意的是，各个企业在内容上的呈现虽丰富却不够精练，以至于很多时候展现的内容粗糙且雷同，用户常常抓不到自己真正想要的内容，更遑论用户的体验了。内容无疑是数字娱乐服务平台的生命线，不管是以文字、图片、音频等哪种形式表现，最重要的是数字娱乐服务平台应先将内容做到优质并获得大众的认可，这才是各个平台应长期遵循的运营之道。

第五章

中国传统文化的数字化传播效果研究

——来自腾讯的务实探索

第四届腾讯峰会上发布的《在数字生活中拥抱传统——2019 数字新青年研究报告》显示，受访的青年中有近九成对传统文化感兴趣，他们喜爱跨界碰撞的文化形式，愿意了解并参与传统文化的创新化表达。随着内容表现形式的创新，《我在故宫修文物》《国家宝藏》等节目竟出乎意料地引爆了年轻人集聚的媒体。甚至在这一波知识(付费)浪潮中，除了财务等使用技能和鸡汤等心理安慰，传统文化也成为年轻人知识付费的重要领域。

第一节　技术带来的文化演变

互联网与文化的融合，使中国的“泛娱乐”生态独具特色，也成为中国文化发展的独特优势，其价值绝不止于文化产业。腾讯这样的巨头由“科技”转向“科技＋文化”，便是一个引领性的信号。传统文化的现代化也需要制度创新，敦煌以及更早的故宫、长城与腾讯的合作得以推进，既是对十九大中华优秀传统文化创造性转化和创新性发展的贯彻，对《关于推动文化文物单位文化创意产品开发若干意见的通知》(国办发〔2016〕36 号)的落实，也是文物人的情怀、领头人的魄力。

众所周知，传统文化机构大多是国有事业单位，授权 IP 开发产品所得与博物馆的运行维持没有直接的关系，不做也没事，做了是自己找辛苦。而且因为分配机制不灵活，很难得到优秀设计、市场推广团队的合作。这与国外的机制有很大不同，传统文化资源在基金会或者社会组织手里，文化机构非常需要通过衍生品、IP 化去扩大社会影响力，提高募款能力。而我国传统文化机构和腾讯这样更具有长期投资培育能力，泛娱乐生态繁荣发展的数字创意机构合作，不仅能有效补充前期投入短板，也能更加丰富衍生品的类型，是对原有文化活化机制的创新和补充，甚至可能是对外国博物馆活化机制的超越。

互联网使每个人都能“释放自己不可被辜负的天分”，而这些微观的努力聚沙成塔，汇聚成一股洪流，体现了一个民族的文化自觉与文化自信的提升，[①]就是这个民族“文化人格”的圆满。政府、智库机构、龙头企业对文娱行业，特别是互联网文娱的未来产生了高度共鸣：文化产业的发展不仅是为了产业，更是为了文化，为此仍需要做出大量的努力。

在互联网时代，全球受众的媒体接触习惯、获取信息方式都发生了改变，媒体去中心化态势明显，各类流行的亚文化传播迅速，网络与数字媒体发展成为全球文化传播平台的一大趋势。“无论 AI、人工智能等科技如何进步，文化都是无法替代的。”基于这一点远见，腾讯未来战略定位成“科技＋文化”，并于 2018 年提出了“新文创”战略。“新文创”是以一种 IP 构建为核心的文化生产方式，打造出更多具有广泛影响力的中国文化符号。新时代的文化生产方式，不仅关注作品，而且关注系统、长线、有秩序的 IP 建设，还关注层次的升级，强调对“文化价值”的重点考量；连接一切与文化生产关联的事业与业务，对非商业机构提供产业入口，让文化机构在塑造软实力方面有了更大的空间。这种以网络数字技术为基础的科技，给文化生产、传播、接受、消费带来颠覆性变化，形成了科技传播，可以从科技视角审视文化内容创意、传播形式与传播效果，从而形成新兴的公共文化服务模式和新兴文化业态。

一、文化要素赋能创意者

技术带来了人类认知文化、社交文化和商业文明的深刻变革，技术带来了人类对现实与虚拟的重构，技术带来了主体与客体、自我与他者的新逻辑和新框架，技术形成了一种“创意者经济”的新生态，构建了包括网络游戏、文学、动漫、影视、音乐、电子竞技以及其他各类视频等在内的整个新文创体系。[②] 诸如虚拟现实 VR、增强现实 AR、全息成像、裸眼三维图形显示、交互娱乐引擎开发、互动影视等新技术的发展、设备的普及和内容的创新，给人们的视听感官交互体验带来全面升级，并且在游戏、影视娱乐、旅游等产业最先爆发，带来新一轮的文化体验革命。

---

① 张婧：《泛娱乐产业：助力文化建设新发展》，《中国文化报》2017－07－28。

② 童清艳、刘璐：《网络与数字传播：增强中华文化全球影响力的有效途径》，《现代传播（中国传媒大学学报）》2019 年第 6 期。

处于互联网时代泛娱乐生态之上的每个人都是创意者，但是很多人诟病网络创意不好，题材低俗，形式千篇一律，这在很大程度上是精神贫穷限制了想象力——没有见过好东西，不能了解博大精深的中华传统文化，没有素材的积累，确实很难形成好作品。[①] 好在敦煌，以及更早的故宫等都已经认识到这个问题，通过数字化的工作，尤其是通过与腾讯的合作，开放了大量藏在深宫的优秀文化资源，给创意者带来了更多创意可能性。

这些创意有的是PGC(专业制作内容)，具备极高的专业水准，将传统文化、现代形式进行了很好的结合，形成了刷屏式的传播；有些则是充满了多重视角的UGC(用户制作内容)，往往是专业人士想不到、不屑做的素材和产品，但也从新的角度发掘了传统文化的新内涵，实现了传统文化的新传播。比如故宫和腾讯做的Next Idea创新大赛，第一届表情包冠军是王晨做的门海，也就是故宫宫殿前面的大水缸，这几乎是专业创意者不可能涉及的内容。

从传播效果来看，中华文化在全球内容传播以及模式创新上面临着相对僵化和落后的问题，这要求中华文化传播及时搭上网络与数字传播的快车道。唯有各类传播技术才可打破文化传播的单一效应，让文化实现随时随地传播的效果，冲破时空限制，将不同地域、不同国家的人们连接在一起，形成更加高效率的"文化盈余"效应，[②]使商业价值和社会价值，都得以即时呈现。互联网最大限度地拓展了时空范围，突破物理空间对文化传播的限制。文化传播因技术达成了无国界的全球传播。传统文化的继承、创新与发展需要打破传统文化与流行文化的二元对立，而网络与数字技术是搭建两者继承与发展的最佳支撑。

文化皆为特定历史时期的综合产物，有其浓厚的历史延续性，然而，传统文化的传播模式与当下受众日新月异的多元文化接触间的结构性张力，难免会成为传统文化传播发展与文化效应溢出的难点，这也是传统文化发展的重要难题。

以这几年大热的敦煌文旅发展为例，众所周知敦煌的历史是完整的，而且

---

① 黄斌：《传统文化要素如何赋能创意者》，《新华日报》2018-02-02。

② 童清艳、刘璐：《网络与数字传播：增强中华文化全球影响力的有效途径》，《现代传播(中国传媒大学学报)》2019年第6期。

经历一千多年时间没有变，没有中断。但是，如何让这些古壁画中的人物和故事被当下年轻人所喜爱并传播，是一个不小的挑战。看到敦煌壁画，如果没有解释，没有更好的创意诠释，很难理解。但通过创意解读，敦煌文化就会通过另外一种形式展现在年轻人面前。敦煌壁画充分再现了当时的建筑、服饰、音乐、交通、舞蹈、饮食等诸多内容，可视性非常强，在文化共享的内容选择标准下，这些敦煌文化里的经典元素，皆可通过新技术打造新的数字内容产品。那么，这种文化体验如何增强中华文化全球传播效果与影响力？

二、传统文化现代化的新路

中华文化资源丰富，灿烂的民族文化历史遗产和区域特色鲜明的民俗文化资产，在现代信息技术条件下，将原本琐碎、分散、失修的中华传统文化得到数字化保存。各类具有收集、整合、保存、开放等多种功能的中华文化视觉资源库、多样的大数据使文化信息传播更加具有趣味性。

网络数字技术为中华文化产品升级提供机遇，如何将优秀的中华文化有效地融入科技这一生产力，注入中华文化向上的力量，实现“科技＋文化”的完美融合，离不开如下思考：传统文化之所以需要现代化，是因为很多传统文化已经脱离了其原来的文化语境和使用场景，变成了一种“死”的文化，将其现代化的过程就是“救活”的过程，是将其重新赋予使用场景和文化意义，重新融入现代生活的过程。重新赋予使用场景是当前传统文化现代化的主要形式。这种场景赋予起源于“朕知道了”胶条、朝珠耳机和正大光明充电宝等脑洞大开的文创衍生品，结合了近年来兴起的消费升级热潮，正在重塑消费者，尤其是年轻消费者的消费习惯乃至生活习惯，并影响了不少的国际知名消费品牌甚至奢侈品牌的创意设计和生产环节。

故宫的实践同样也适用于敦煌。大量丧失了其原有的使用场景的传统文化，无论是宗教、贸易以及相关的音乐和娱乐形式等，都可以通过场景重塑而重新赋予其使用价值。在场景重塑的过程中，势必会涉及重新赋予其文化意义，用学术（或者时髦）的语言来说就是“解构—重构”的过程。解构的基础是理解，理解的基础是保护和研究。《九色鹿》中上海美术电影制片厂借鉴了其故事主线和人物画风，创新地使用了中国独特的戏曲音乐和民乐，却淡化了其宗教色彩，更偏向中华传统文化中劝人向善、恶有恶报的朴素道理阐释。这种重构没有挑战其文化内涵，更多的是重构了表现形式，更容易被受众接受。

传统文化机构和数字创意机构的分歧并不在于要不要创新（即重构），而在于怎么创新。当前我们面临的社会复杂性远超《九色鹿》时代，从广泛的社会实践，尤其是腾讯泛娱乐业务的经验来看，不改变故事内核而单纯地将传统文化动漫化、游戏化或者影视化，已经很难取得像当年《九色鹿》这样的成效，很多时候需要在理解传统文化的基础上进行逻辑复杂的文化重构。对原有的故事进行改编重构，采用现代年轻人更加喜爱的方式讲述。① 但这种重构和创新需要深入文化内涵层面，对传统文化机构包括数字创意机构，都形成了重大的挑战。

央视报道曾说道，“新创意和新技术为特征的新文化产业已经成为数字娱乐的新方向，推动中国文化符号走向世界已经成为数字娱乐企业的主要经营方向”。随着行业规范的不断完善，市场开始呈现健康的繁荣，而繁荣又孕育着值得期待的新气象。如今来看，与数字娱乐产业相对应的数字娱乐服务平台，无论是种类还是内容都愈加丰富，用户需求与体验已然演变为各家企业最为重要的着力点。如从音乐、阅读娱乐需求衍生出手机KTV“唱吧”、带有有声小说功能的FM软件“喜马拉雅”等都是标志性的产物。

作为娱乐产业最直接的表现形式，从崛起的数字娱乐服务平台中可以发现，中国的数字娱乐产业正在朝着更具创新、多元化的方向大步前进，不断挑战娱乐边界。娱乐产业全面升级的原因可以归纳为两个方面。一方面，是娱乐硬件设备的升级。通过硬件设备打通，将智能手机、可穿戴设备、车联网娱乐等产品嫁接到互联网，将一切智能硬件设备与娱乐内容联系起来，形成一条“娱乐产业链”。这样的娱乐模式包括苹果生态、小米生态等娱乐生态链。这种硬件与互联网的结合推动了传统娱乐产业的升级。另一方面，有赖于娱乐形态多样化的发展，用户对于娱乐需求的升级，从前的看、听、唱等娱乐方式一直在发生改变。与此同时，互联网巨头纷纷布局自己的娱乐生态圈。其中最典型的当属腾讯，基于网络游戏业务，腾讯互娱先后推出动漫、文学、影视三大新业务平台。从2015年起腾讯积极布局娱乐产业，

① 黄斌：《传统文化要素如何赋能创意者》，《新华日报》2018-02-02。

目前打造出了包括游戏、动漫、文学、影视、音乐、视频等在内的多元化、综合互动娱乐体验。

第二节　中国传统文化的数字化传播效果研究
——以“云游敦煌”小程序为例

近年来，数字化传播方式在传统文化传播领域的应用，赋予传统文化全新的呈现形式，收获了良好的传播效果。以当下最炙手可热的文化大 IP“故宫”为例，从 1998 年成立故宫资料信息部开始，故宫的数字化之路已经走了 20 年。“故宫是座博物院”“发现养心殿”等主题的数字展览，《紫禁城・天子的宫殿》等七部虚拟现实系列作品，故宫观众服务中心提供的数字导览应用项目，还有各种类型的文化综艺节目……故宫 IP 已然搭建起自己的数字化产品矩阵。刷爆微博首页的故宫的雪、故宫的猫，被“秒光”的夜场门票，以一支口红为代表的年入 15 亿元的故宫 IP 衍生产品，都证明了故宫在数字化开发这条道路上所达成的可观的传播效果。

同时，数字化传播也为传统文化的“走出去”开辟了一条全新的道路。过去，对外文化传播依靠的多是体量庞大的文化交流项目，花费大量时间制作的影视作品、舞台艺术作品。在互联网时代，对外文化传播有了更多载体、平台和渠道，我们向世界讲述中国的方式和形式，也要抓住新媒介革命的机遇，顺势而为，另辟蹊径。“2019 年度文化传播人物”李子柒入驻 YouTube 频道仅两年，订阅人数超过 750 万，后成为中国区头部网红，总观看量累计 9.7 亿次，单个视频的播放量破千万。李子柒的视频，通过中国式衣食住行，展现生活的美好和中国传统文化的精致，引发众多外国网友对中国文化的浓厚兴趣，成为中国文化对外传播的一个现象级话题。

数字化传播方式对于传统文化传承与输出的重要性正逐渐显现，科技的加持使得信息的传递以指数级增长，传播效果正呈现裂变式发展。当然，在传统文化的数字化传播过程中也伴随着不可避免的生长性阵痛，这些随之暴露的问题依旧制约着传统文化的传播效果，数字化转型和数字化消费的潜力还远未被充分挖掘，数字化升级的空间仍然很大。随着 5G 时代的到来，消费者一定会向数字空间索取更多的产品和服务，做好数字化传播效果研究，可以充分了解传播过程在受众认知、态度、行为方面所达到的效果，并及时获知受众的喜好和需求，对后期传播策略的调整具有重要的指导作用。

腾讯“新文创”战略提出后，在传统文化的数字化开发方面取得了一系列成果，其与敦煌研究院的合作是致力于打造故宫之后的又一大超级文化 IP，进一步扩大敦煌石窟文化在全世界的影响。目前，在双方的深入合作下已经产出了一些优秀的文化项目，为业界提供了许多值得借鉴的文化开发模式。2017 年，腾讯和敦煌研究院合作的“数字丝路”计划，让敦煌 1 600 年前的供养人传统在互联网时代重新被拾起。2018 年，QQ 音乐举办的“古乐重声”音乐会，让敦煌古曲在千年后重现于世。把传统文化做成 IP，开发成一个完整的互联网文创生态，这是最朋克的文化传播方式。包括现在的云游敦煌小程序，同样是这个生态的一部分。而这个生态的最终目的，其实就是“看见”。当我们看见了它们，文化的力量也就苏醒了。那些于 1900 年被王道士发现的藏经洞里的瑰宝，终会在 2020 年的互联网上熠熠生辉，广袖霓裳入梦来。

敦煌研究院的数字化开发经历 30 年的沉淀，与积极布局泛娱乐产业链的腾讯携手，可谓强强联合。选取其作为个案进行研究，具有一定的典型性和行业指导意义。因此，本节选取腾讯与敦煌研究院“数字丝路”计划下的整体布局进行研究，通过“云游敦煌”小程序的传播效果分析，了解受众因数字化传播而产生的认知、态度和行为层面的变化，以此窥视传统文化数字化传播需注意的问题，无论是对文化产业的发展还是对中华优秀传统文化的保护与传承，都具有重要的现实意义。

一、“数字敦煌”的开发现状概述

敦煌莫高窟可称为古代丝绸之路上最为璀璨的明珠，其建于公元 4 世纪至 14 世纪，历经北凉、北魏、西魏、北周、隋、唐、五代、宋、西夏、元等朝代的不间断的开凿。目前，保存洞窟总数 735 个，保存完整的洞窟有 492 个。把敦煌莫高窟按现在的状况完整保存和真实地记录下来，将世界文明的遗产永久地传承下去，留给子孙后代，是时代赋予我们的责任和义务。[①] 然而，由于石窟文物本身具有特殊性和脆弱性，受地理环境等因素的制约再加上近年

① 夏生平：《“数字敦煌”再现古代丝绸之路的历史文明》，《中国档案报》2016 - 02 - 22。

来旅游资源开发带来的人为因素影响，使得有效保护、研究与利用这些珍贵的泥塑、壁画等文物资源迫在眉睫。

20 世纪 90 年代，时任敦煌研究院院长樊锦诗提出“数字敦煌”的构想，即利用计算机数字化技术永久且高保真地保存敦煌壁画和彩塑的珍贵资料。30 年来，这一项目不断地向前推进。借助高科技手段，“数字敦煌”让一批敦煌艺术精品通过数字平台、数字展览、手机 APP 等途径走出敦煌。2017 年，腾讯与敦煌研究院正式签订了战略合作协议，携手启动“数字丝路”计划，从新技术与泛娱乐文化生态两个维度，与敦煌研究院的“数字敦煌”研究成果与文化服务模式等两个领域相结合，在 AR/VR、云计算、智慧旅游、游戏、动漫、音乐六大模块深度合作，致力于促进敦煌及丝绸之路沿线文化遗产的保护、传承与交流，并进行创新化演绎。

（一）“数字敦煌”的数字化传播方式

1. 文物的保护与传播

首先，腾讯与敦煌研究院的合作将以建设莫高窟智慧景区、做好文物的保护与传播工作为基础，利用腾讯的平台和技术优势，充分利用敦煌丰富的文化资源，打造出与其文物和文化价值相对等的数字文化体验。

敦煌研究院将数字重构思维与技术成功引入文化遗产的保护与传播中，以其强大的中英文版“数字敦煌”资源库，向全球共享 30 个洞窟的高精度壁画和 VR 节目。在与腾讯的深入合作中，AR、VR 等技术能力将持续赋能敦煌数字文化资源，为用户打造身临其境的游览体验，使蕴藏在莫高窟文物中的历史、艺术和科技价值得到充分释放。该项目与敦煌莫高窟的线下展览相结合，[①]一方面，使得用户能够在随时随地观看高清壁画的同时享受到专业的讲解服务和趣味化的互动体验；另一方面，也大大地缓解了洞窟的载客压力，减少游客参观带来的潜在威胁，从而更好地保护这些珍贵而脆弱的壁画彩塑。在线下，敦煌研究院与腾讯合力建设莫高窟智慧景区，进一步提升敦煌旅游体验，借助人脸识别等先进技术，助力敦煌石窟旅游的智能化建设。与此同时，腾讯还凭借强大的媒体矩阵，在腾讯新闻、腾讯视频、企鹅号

---

① 李瑞：《敦煌研究院将与腾讯携手共建“数字丝路”》，《中国文物报》2018－01－03。

等内容平台展开宣传，进一步强化“数字敦煌”的传播效果。

2. 文化价值的梳理与挖掘

利用数字化技术对敦煌文物进行系统梳理与挖掘，实际上是一项编译工作，即将古老的石窟文化进行现代化的解码与编码，将其中蕴含的大量社会、历史和文化信息“翻译”成流行的语言，使凝结在其中的前人的智慧与情感与现代社会形成共鸣。

敦煌壁画上记载了几十种曾在丝绸之路上流行的游戏，如相扑、叠罗汉、骑竹马、围棋等。2018年，腾讯与联合国教科文组织共同创建的“开放的传统游戏数字图书馆”项目，开始收集和整理敦煌壁画中的传统游戏元素，以流行的形式重新演绎这些传统游戏及其背后所承载的传统文化，并进行专题展出和案例分享，让敦煌传统游戏重新流行。除此之外，敦煌还有许多音乐题材的洞窟，记录了千年来不断发展的古代乐舞史。未来，QQ音乐会对这些敦煌音乐进行全方位传播，并将参与敦煌古曲谱的梳理和复原演奏。同时，QQ音乐也会邀请音乐创作人将当下年轻人喜爱的音乐元素和敦煌古曲结合，把敦煌音乐文化融入创新的数字音乐作品中。

3. 文化IP的演绎与活化

近年来，腾讯一直致力于泛娱乐生态的探索，在与敦煌研究院的合作中，腾讯也提出了基于泛娱乐内容平台的“数字文保”IP活化方案。故宫IP的开发给不少人留下了深刻的印象，未来，腾讯也计划将敦煌的文化IP融入游戏、动漫、文学、影视等泛娱乐生态上活跃的流行文化形态里，[①]打造最年轻态的时尚文化符号。

以数字游戏开发为例，《王者荣耀》一直在探索并主动承担更多的责任与担当，传播中国传统文化就是重要的一环。与敦煌研究院合作研发的“飞天”系列游戏皮肤，一经推出便广受玩家喜爱，在游戏中的使用率达到82%。除了推出“敦煌”定制皮肤、故事站、纪录片等内容，《王者荣耀》还在《王者历史课》栏目开设了敦煌文化特辑。王者校园赛则把敦煌文化带到高校学生身边，并征集用户前往莫高窟实地体验敦煌的魅力。

腾讯还与著名漫画家蔡志忠先生展开合作，一起用动漫传递敦煌文化

① 萌雯：《让敦煌文化在数字时代更加璀璨》，《中国艺术报》2018-01-05。

魅力。今后，丝路文明、贸易发展、文化交融等大时代下的传奇趣事，都可能变成让年轻用户狂热的动漫作品。还有 Next Idea 腾讯创新大赛的接入，吸引了大量年轻人为敦煌大开脑洞，参加到文创产品的设计中来。

（二）“数字敦煌”的数字化传播渠道

敦煌莫高窟的数字化传播渠道（见图 5.1 和图 5.2）主要有两种：一是在互联网平台上进行的多渠道传播。[①] 根据呈现形式的不同，又可以分为数字化展示宣传和泛娱乐产业开发。二是利用各种数字交互设备、基于现实场景的数字传播线下项目。当然，这两种渠道并不是泾渭分明的，在实际的传播过程中，往往能够打通线上与线下的多种数字化渠道实现共同传播。

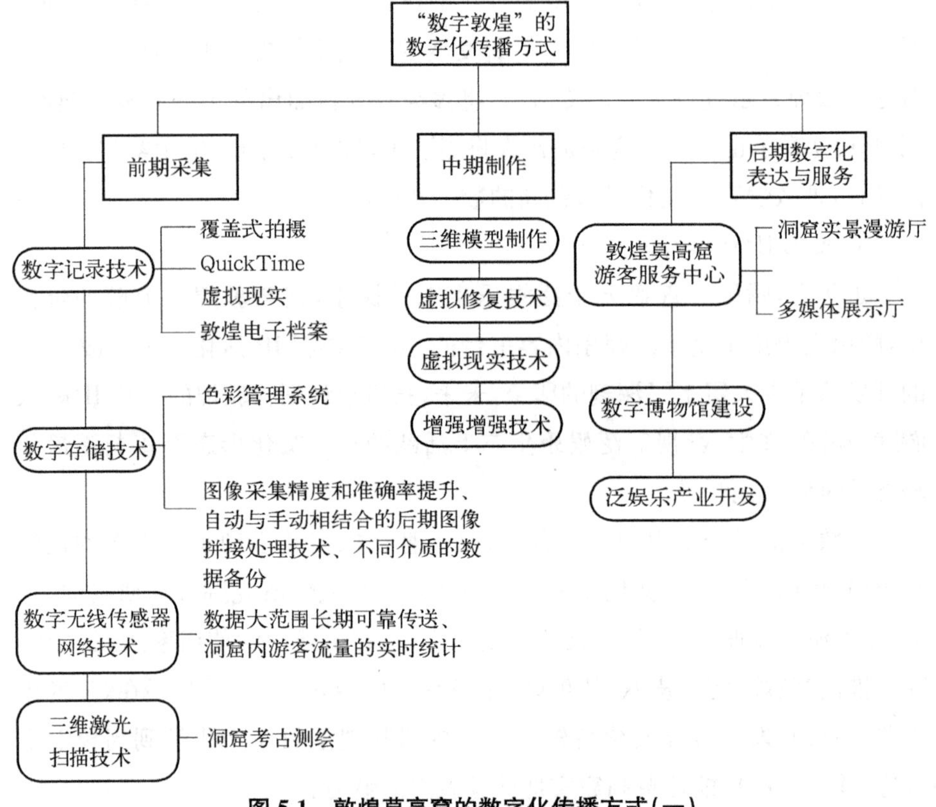

图 5.1　敦煌莫高窟的数字化传播方式(一)

---

① 章雨晗：《唐帝陵石像生艺术的数字化传播研究》，博士学位论文，西安理工大学，2019 年，第 56 页。

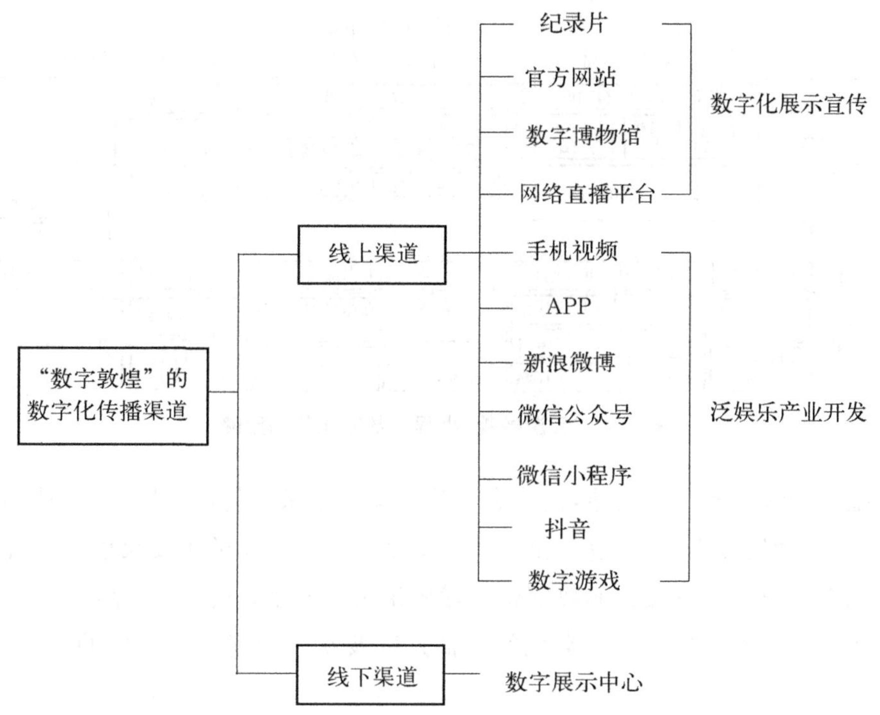

图 5.2　敦煌莫高窟的数字化传播渠道(二)

2020 年 2 月 20 日，敦煌研究院与《人民日报》新媒体、腾讯联合推出了首个拥有丰富敦煌石窟艺术欣赏体验的微信小程序"云游敦煌"抢先体验版，用户足不出户、动动指尖即可欣赏敦煌石窟艺术风采。在"云游敦煌"小程序中，你既可以按照自己喜欢的方式，如艺术形式、朝代顺序、色彩呈现等探索石窟艺术，享受 360 度畅游洞窟的全景体验，也可以探索如印章篆刻、敦煌文创等石窟文化特色体验，而对于线下游客，小程序也同时提供线上预约购票、"刷脸"入园、AR 精准导览服务。"云游敦煌"小程序数字化传播策略如图 5.3 所示。

二、"云游敦煌"小程序的传播效果研究

从文化传承与传播的角度来看，对传统文化进行创新转化的目的在于以数字化的形式促进人们对传统文化的接受。由于大众传播过程中文化增值作用的存在，良好的数字化传播不仅能实现"量的增放"，还能够带来"质的扩充"，从而改变文化事项在人们心中的意义与价值，使得受众能动地关注、认知、喜爱和珍惜传统文化。根据拉斯韦尔 5W 传播模式，受众是

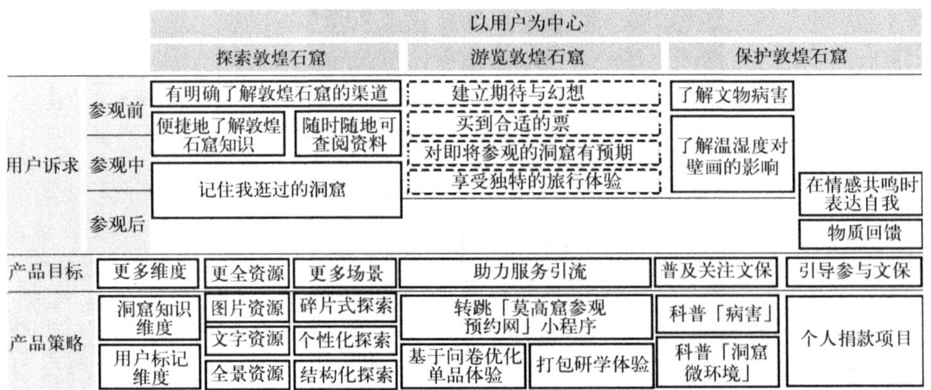

图 5.3 "云游敦煌"小程序数字化传播策略

传播的最终对象和目的地，而信息到达受众后带来的传播效果，即在认知、态度、行动层面引起的反应，是检验传播活动是否成功的重要尺度。因此，我们有必要对传统文化的数字化传播效果进行考察，从而更好地指导传播行为，有效、准确地对传统文化的传播过程及影响因素进行积极的干预和调整。①

（一）"云游敦煌"小程序的传播效果分析指标

在数字化传播效果的分析过程中，首先要建立科学的传播效果评估模型。目前，国内外学者已经从各个方面进行了传播效果模型的搭建，并且就可能对传播效果评价产生影响的结构变量进行了分析。在充分考虑"云游敦煌"小程序的传播特点以及其数字化结合方式等多方面因素后，综合国内外学者已有学术成果，形成了"云游敦煌"小程序数字化传播效果评估模型，如图 5.4 所示。

为了对传播效果进行科学有效的量化研究，需要建立传播效果的分析指标体系。传播效果分析指标的选取应当具有导向作用，要遵循独立性、科学性和实用性的原则，且适用于"云游敦煌"小程序的个案研究。通过查阅国内外传播效果评价的文献资料，在梳理前人研究成果的基础上，结合"云游敦煌"小程序的传播特点，构建了数字化传播效果的分析指标体系，如图 5.5 所示。

---

① 章雨晗：《唐帝陵石像生艺术的数字化传播研究》，博士学位论文，西安理工大学，2019 年，第 59 页。

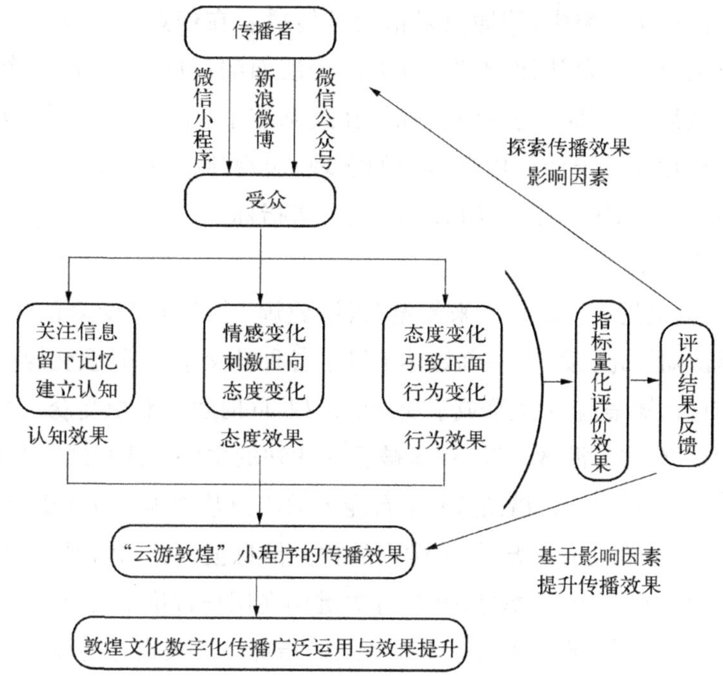

图 5.4 "云游敦煌"小程序数字化传播效果评估模型

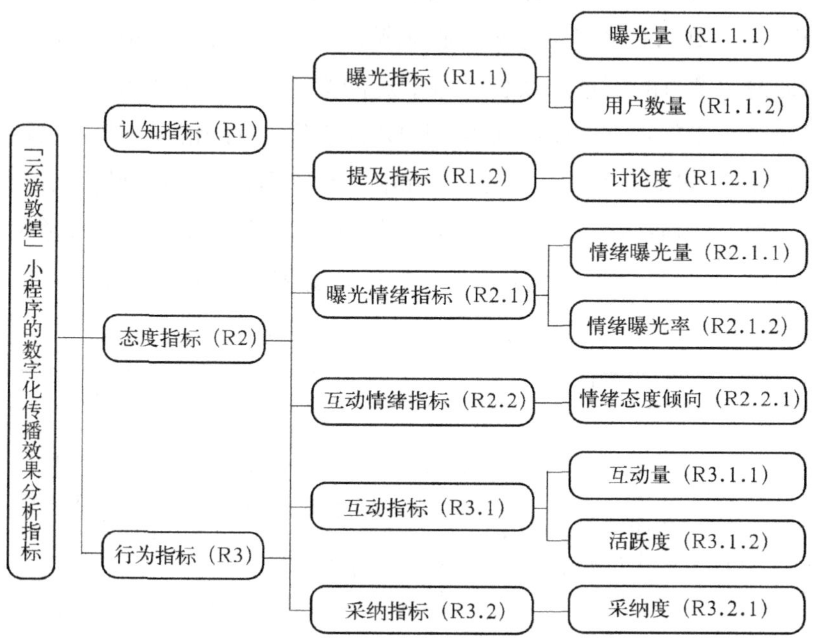

图 5.5 数字化传播效果的分析指标体系

在传播理论研究中，传播效果指的是传播者在信息传播过程中通过传播信息刺激引发受众认知、态度、行为三个层面的反应变化，这三个层面构成了传播效果评价体系的一级指标。在此基础上，不同层面传播效果的研究又可以根据所在层面传播者目的的实现、宏观传播综合效果等特征以及数据的可获得性，来具体选择和设定二、三级指标。

1. 认知指标

认知指标(见表5.1)是用来衡量“云游敦煌”小程序被受众认知的程度。“接触”是认知的先决条件，在新媒体语境下各种社交平台、社会化媒体拓展了受众的信息认知渠道，大大释放了受众话语权，同时也为获取受众认知情况提供了新的依据。“云游敦煌”小程序被受众认知的主要方式是通过微博、微信等社交平台的宣传造势，借助这些平台庞大的用户基础为小程序引流。因此，含有“云游敦煌”“数字敦煌”等关键词的相关信息被浏览的情况，即曝光指标(R1.1)，以及“云游敦煌”“数字敦煌”等关键词在用户言论中的出现情况，即提及指标(R1.2)，是衡量受众认知程度的二级指标。三级指标的设立则需要考虑具体的测量程序。在各类社交平台上，含有“云游敦煌”“数字敦煌”等关键词的相关信息被浏览、被点击、被回复、被评论、被转发的数量，可以作为三级指标曝光量(R1.1.1)衡量的重要数据来源。另外，在微博或微信公众号平台中，微博博主发布的信息以及公众号推送的文章会显示在其粉丝页面上，因此，发布者所拥有的粉丝数量也能够反映信息曝光量的情况。“云游敦煌”小程序的实际访问量可用来衡量三级指标用户数量(R1.1.2)。而微博“云游敦煌”“数字敦煌”等相关话题标签下的用户参与热度，以及主流媒体的报道情况和网络意见领袖的参与程度，则是三级指标讨论度(R1.2.1)测量的重要变量。

表5.1 认知指标分级

一级指标	一级指标含义	二级指标	二级指标含义	三级指标	三级指标含义
认知指标(R)	测量“云游敦煌”小程序及敦煌文化被受众认知的情况	曝光指标(R1.1)	测量含有“云游敦煌”“数字敦煌”相关信息被浏览的情况	曝光量(R1.1.1)	相关信息在社交媒体中被浏览的次数
				用户数量(R1.1.2)	“云游敦煌”小程序的实际访问用户数量

续　表

一级指标	一级指标含义	二级指标	二级指标含义	三级指标	三级指标含义
认知指标(R)	测量"云游敦煌"小程序及敦煌文化被受众认知的情况	提及指标(R1.2)	测量"云游敦煌""数字敦煌"在用户言论中出现的情况	讨论度(R1.2.1)	"云游敦煌""数字敦煌"相关信息在社交媒体中被讨论的次数

2. 态度指标

态度指标(见表5.2)是用来衡量受众对"云游敦煌"小程序及敦煌文化的态度倾向性。受众对信息的态度是指导后期工作的核心要素,在整个传播活动中处于承上启下的关键位置,是影响传播效果的重要因素。社会化媒体、社交互动平台为受众的态度表达提供了平台,同时也为态度测量提供了重要依据。在传播效果的评价中,既要对受众态度在社会化媒体中的曝光程度进行测量,即情绪曝光指标(R2.1),又要对受众的态度倾向性进行测量,即互动情绪指标(R2.2)。三级指标的设立则需要考虑具体的测量程序。在微博博主发布的信息以及公众号推送的文章中抽取热度较大者,对用户的评论文本进行态度编码分析,可以得出用户反馈信息中正面态度信息的展示次数和所占比率,即情绪曝光量(R2.1.1)和情绪曝光率(R2.1.2),同时也可以得出社交媒体用户反馈的情绪倾向性,即三级指标情绪态度倾向(R2.2.1)。

表5.2　态度指标分级

一级指标	一级指标含义	二级指标	二级指标含义	三级指标	三级指标含义
态度指标(R2)	测量受众对"云游敦煌"小程序及敦煌文化的态度倾向性	曝光情绪指标(R2.1)	测量关于"云游敦煌"小程序及敦煌文化的态度在社会化媒体中的曝光程度	曝光量(R2.1.1)	社交媒体讨论中正面信息的展示次数
				情绪曝光率(R2.1.2)	正面信息在用户反馈中所占比率
		互动情绪指标(R2.2)	测量互动平台中关于"云游敦煌"小程序及敦煌文化的态度情况	情绪态度倾向(R2.2.1)	社交媒体用户反馈的情绪倾向性

3. 行为指标

行为指标(见表 5.3)是用来衡量“云游敦煌”小程序通过社交平台对受众行为作用的效果。行为指标的衡量需要考虑数字化传播的传播目的的达成情况,从短期行为和长期行为两方面进行考量。通过社交平台的造势,为小程序引流用户,并通过优质的内容形成一定的用户黏性只是第一步,“云游敦煌”小程序的最终传播目的是提升敦煌文化的数字化传播效能,保持敦煌文化的历史传承性,使得敦煌文化的艺术价值和文化底蕴在今天重新引发人们的重视,并使得全民自觉参与敦煌文化的数字化保护和传播。因此,在行为效果的衡量中,既包含了短期效果的考察,测量受众参与传播“云游敦煌”“数字敦煌”相关信息的活跃情况,即活跃指标(R3.1),又包含了长期效果的考察,即测量参与“云游敦煌”“数字敦煌”相关信息互动的受众对敦煌文化的采纳程度,即采纳指标(R3.2)。具体到三级指标用户留存(R3.1.1)、二次传播力(R3.1.2)、行为养成倾向(R3.2.1),仅仅依靠观察法还缺乏有效的论证,因此,我们将通过深度访谈的研究方法得出最终结论。

表 5.3 行为指标分级

一级指标	一级指标含义	二级指标	二级指标含义	三级指标	三级指标含义
行为指标(R3)	测量“云游敦煌”小程序通过社交平台对受众行为作用的效果	活跃指标(R3.1)	测量受众参与传播“云游敦煌”“数字敦煌”相关信息的活跃情况	用户留存(R3.1.1)	受众的持续访问意愿
				二次传播力(R3.1.2)	受众主动传播相关信息的意愿
		采纳指标(R3.2)	测量参与“云游敦煌”“数字敦煌”相关信息互动的受众对敦煌文化的采纳程度	行为养成倾向(R3.2.1)	用户主动参与敦煌文化传播的意愿

(二)“云游敦煌”小程序传播效果及分析

1. 认知层面的传播效果

(1) 相关信息在社交媒体的曝光度。自 2017 年敦煌研究院与腾讯达成战略合作以来，两者不断地尝试通过公益、游戏、音乐、动漫、文创等多元化数字创意方式，推动传统文化与大众，尤其是与年轻人产生更多的交集。此前的《王者荣耀》敦煌定制“飞天”皮肤通过敦煌主色调、反弹琵琶等细节高度诠释敦煌文化内涵，吸引了 4 000 余万用户下载。“敦煌诗巾”小程序则提炼出壁画元素，网友可以自主设计、定制生产丝巾，根据腾讯新文创官方发布数据统计，上线一个月即有 300 万用户参与，产出了 25 万件 DIY 作品。这次“云游敦煌”小程序在疫情下的特殊时期上线，凭借宅家云游的理念，延续了敦煌系列的网络热度。在人民日报等主流媒体的报道和明星与网络大V“线上领队”的带动下，掀起了一股云游热潮。

据笔者统计，微博粉丝数量为 1.17 亿的人民日报一条“云游敦煌”相关微博就获得 2.9 万次点赞，转发达 1.2 万余次，再加上拥有 1 109 万粉丝的“苍南派”、1 262 万粉丝的“喜脉洗脉”等大 V 积极参与营销联动，可覆盖的微博用户数量达到非常可观的规模。另外“云游敦煌”小程序开展的动画剧配音活动还邀请了众多明星加盟。拥有 1 909 万微博粉丝的演员王丽坤转发的相关微博获得转发 1.1 万次，点赞和评论达 5 000 余条；拥有 2 296 万粉丝的演员景甜转发的相关微博获得转发 1.2 万次，点赞 5.6 万次，评论 8 735 条。

(2) 相关信息在社交媒体的讨论度。在微博客户端，“云游敦煌”和“敦煌动画剧首映”两个话题的阅读量都已过亿，相关讨论突破 5 万余条。“云游敦煌”话题中原创人数达 1 089 人，“敦煌动画剧首映”话题中原创人数达 845 人。如前文所述，相关微博下也有较高的讨论热度。

(3) 小程序实际收获的用户数量。根据腾讯新文创官方发布数据统计，“云游敦煌”微信小程序自 2 月 20 日上线以来，10 日内总访问量已超过 500 万，独立访问用户累计超过 100 万人，其中，“80 后”“90 后”占比达到了 6 成以上。4 月，“云游敦煌”小程序推出了全新的敦煌动画剧栏目。推出仅一周时间，小程序累计用户达 300 万，总访问量突破千万，超过 10 万人次参与配音互动活动，单日用户平均点击 9 次“开始录音”，其中《神鹿与告密者》成为最受欢迎的动画，在小程序内播放量超 23 万次。

2. 态度层面的传播效果

社交媒体以其极强的开放性为传播者带来了了解受众、接触受众、与受众进行交流的机会。传统文化的数字化传播模式中一个很重要的特点就是互动性，受众可以将自己的传播感受反馈给传播者，传播者根据受众反馈和大数据收集进行传播活动的合理调整，实现传播效果的双向流通。

虽然“云游敦煌”小程序没有提供直接的留言互动板块，但微信、微博平台为受众提供了一个信息反馈的渠道，我们可以在相关文章、话题页面中查看受众对该小程序的评价与留言，收集相关反馈内容，大致可以分为以下几类：

(1) 抒情类。利用数字化手段对传统文化进行二次加工和创作，改变传统文化的传播形式，能够更好地贴近当前的互联网受众心理，激发受众强烈的情感共鸣和文化认同。在微信、微博的留言互动区，就可以发现许多网友的抒情评论，表达了对传统文化的喜爱，对小程序的称赞和对敦煌研究院、腾讯团队的支持与鼓励。

在“腾讯新文创”微信公众号“云游敦煌”小程序相关文章的评论区，微信用户 loda 表示：“特别喜欢敦煌动画剧这种形式的文化推荐，既接地气又时髦，不充值就能看动画大片，好赞。”在社交媒体相关话题中，“敦煌太美了”“有趣”“有机会一定要去”这样的评论占了绝大多数，更有一些关于传统文化之美的深入评价，可见该小程序引发了受众对传统文化的关注与思考，敦煌文化乃至传统文化的魅力正感染着庞大的受众群体，特别是年轻一代。

在微博客户端，以“云游敦煌”话题页下热度最高的微博内容，即人民日报官方微博发布的博文为例，抓取评论文本进行情绪编码，高达 86%的评论都表达了强烈的正面情感倾向。在 1 905 条评论文本中提取出高频词汇，绘制词云如图 5.6 所示。可以发现，“美”“赞”“有趣”“厉害”“喜欢”“好棒”“想去”这类抒情类词语占据了很大的比例。可见，数字化的传播方式为受众了解传统文化内容提供了良好的体验，受众产生了抒情的需要，愿意提供信息反馈，并有了进一步产生行为变化的可能。

图 5.6 微博评论文本词云分析

（2）建议类。传统文化产品想要在受众群体中引起持续关注，就必定要掌握目标受众的需求。在对小程序进行体验之后，也有不少网友提出了意见与建议，积极为传统文化的数字化传播出谋划策。及时关注受众的反馈，并选择合适的建议调整产品策略，可以更好地提升传播的效果。

比如，在微信评论区，有网友表示"好像没有音乐，如果可以加上配乐会更好，会更有沉浸感。特殊时期，也许可以临时开放敦煌地图，会有一种实地探索的感觉，会更吸引大家。"还有人认为"涂色的交互不行，手指可以拖动画面，但无法涂色。如果画面中有个参考小图会更好。"新浪微博的互动话题中，也有网友评论道，"太牛了！如果做成动画电影，找个好故事核，再找条好故事线，绝对是国际语汇的动画片，一部音乐类型的电影！"

经观察，建议类的评论数量虽然不多，但反馈的内容质量普遍较高。一般而言，愿意提出建议的受众都经过了深度体验和仔细思考，这样的反馈信息体现了受众想要更有效地通过数字化方式了解传统文化的意愿，能够帮助传播者在与用户的互动中更好地完善传播策略，从而推动传统文化实现更广泛的传播。

（3）交流类。受众在产品体验后会产生一些感慨和联想，需要与人进行交流沟通，以寻求他人的支持与共鸣，因此，交流类的评论反馈也比较常见。

比如，在微博评论区，有网友表示"作为甘肃人竟还未感受过敦煌之美"，便引起了许多人的共鸣，不少人跟帖回复自己的游览体验以及对敦煌的向往之情。网友"HD不是铁憨憨"的评论："本以为是古装纪录片，突然一句C位把我拉回现实"获得了1637次点赞，在微信评论区，有网友说："期待多地也推出像这样的小程序。有没有线上展览呀？"还有不少人提出，"希望跟更多景区合作推出云端游"，可见基于数字化技术的"云旅游"已经吸引了足够的眼球，成为人们乐于体验的新消费场景。疫情过后，不管是腾讯这样的互联网平台，还是敦煌博物院这样的公共文化机构都需要思考，在新鲜感过后，如何为用户提供持续优质的体验，使"在云端"真正成为人们的生活方式之一。

另外，对于用户的疑问，微信小编也会做出回应，让受众真正获得交流感。通过这种传播者与受众、受众与受众之间的交流，实现维护与稳固受众群体，持续扩散与加深产品影响力的效果。

3. 行为层面的传播效果

在微博“云游敦煌”话题页面，累计有17.4万次讨论，共有1 089人次发布了原创内容。为精准选择有使用行为的用户进行深度访谈，笔者随机选取了该话题页面下热门微博评论中300位参与讨论的微博用户，通过微博私信的方式与其进行线上联系，最终成功地联系了217位。

对217位调查对象进行线上访谈，问题包括：① 你是否会二次访问“云游敦煌”小程序？如果会的话，频率如何？② 你是否会与朋友提及“云游敦煌”小程序？是否会在社交平台分享关于“云游敦煌”小程序的内容？③ 你对敦煌文化的态度如何，是否有线下游玩意愿？④ 你是否会主动搜索敦煌文化的相关信息，并在社交平台分享？

本次受访用户的年龄集中在16～31岁，代表了社交平台上最具活力的年轻用户。在用户留存方面，217位调查对象中，有153人表示“会进行二次访问”或“可能会进行二次访问”，约占70%。但具有持续访问意愿的用户不足10%，大部分人都表示不会形成访问习惯，“会在下次计划访问敦煌莫高窟景区时访问”“如果下次开发了新的板块，看到了就会访问”。另外，还有部分用户表示“会在和朋友提及时访问”。询问其为何持续访问意愿不足，得到的答案主要有“趣味性不足”“实用性不足”“没有使用小程序的习惯”“内容太多没有耐心”。

在二次传播力方面，217位调查对象中，仅有43%的用户表示会与朋友提及，会在社交平台分享的仅占不到三成，且其发布内容多为参与互动活动的分享页面。在行为养成倾向方面，被访用户都对敦煌文化展现了好奇和欣赏的态度，并表示如果有机会，会愿意线下游玩。但仅有三成用户会主动搜索敦煌文化的相关内容，愿意在社交平台分享的更是少数。

综上所述，可以发现，“云游敦煌”小程序在认知、态度两个层面实现了较为可观的传播效果，但从行为层面来看，传播信息的接受、情感的转变在促成受众行为发生方面的效果依旧有限，尤其是难以达成良好的长期效果，即促使用户主动了解敦煌文化，参与敦煌文化的保护与传承。

通过调查对象的意见反馈和参与式观察的进一步研究，笔者认为，“云游敦煌”小程序在传播过程中的问题主要有以下几个方面：

首先，深厚的文化底蕴、强大的数字资源库、精良的内容制作搭建起了其数字化开发的文化内核，但优质的传播内容仅是实现良好的传播效果的基础。在用户定位上，"云游敦煌"小程序针对的更多是对敦煌文化感兴趣的用户，他们本身就有了解、探索的强烈欲望，愿意利用该小程序对敦煌文化进行深入研究。在动画剧栏目推出后，网络大 V 和主流媒体的联动、明星的加盟为小程序吸引了一批用户，但他们的兴趣不足以支撑其进行深入探索，而小程序在内容呈现上主要是以知识性内容为主，趣味性内容不足且缺乏醒目的引导，因此，这部分用户的二次访问意愿明显不足。"云游敦煌"小程序面向的另一主要用户群体是即将访问敦煌莫高窟景区的游客，尽管该小程序上线两个月以来已经吸引了共计 3 800 万次访问，但这与国内庞大的游客数量相比，依然是微不足道的。且超过六成小程序用户为"80 后""90 后"群体，他们是不是敦煌莫高窟景区的主要游客群体，还有待研究。

其次，在产品设计上，虽然"云游敦煌"小程序已经突破了过去仅将线下内容照搬到线上予以展示的形式，结合数字化传播特点进行了一些创新化的呈现。但这些内容很容易被淹没在爆炸的网络信息中，热潮过后，很难在人们心中留下长久的印象。诚然，"云游敦煌"小程序的产品定位决定了它的低回访率，即使是忠实用户也很难养成固定的访问习惯。要想提升用户黏性，就要不断探索新内容的产出，探索多样化的营销方式，开展多种类型的文化活动，给予受众新鲜感、趣味性和优质的互动体验。

最后，"云游敦煌"小程序还需要在自身商业模式方面进行更多的探索，形成完整的产业链条。在文化资源向文化资本转化的过程中，文化效益和经济效益是可以实现统一的。"云游敦煌"小程序肩负着传播敦煌文化的历史使命，但并不意味着其必须与一切商业化行为割裂。相反，良性的市场化行为可以反向助推传统文化的保护与开发，提升其数字化传播效果。例如，"敦煌诗巾"小程序通过 DIY 丝巾售卖吸引了大量的用户，未来，"云游敦煌"小程序包括"数字敦煌"的产业链延伸中也可以探索更多的文创产品开发，与设计师合作，持续推出优质产品，并可以赶上文化类节目和短视频的热潮，通过整合营销传播的多种方式，打造下一个国民文化 IP。

"云游敦煌"集成了大量敦煌石窟中的壁画、彩塑和石窟建筑内容。从图文并茂的科普介绍，到各种私人定制的服务，都让人感觉敦煌文化与自身的亲密关系，甚至还能在小程序里获得线下游览的细致攻略。还有"数字敦煌”这个模块，直接还原了洞窟全景。等到有一天我们在微信上，在朋友圈里，在每天都要打开的地方，能够频繁看到中国传统文化的时候，这些文化其实就已经成了我们生活的一部分。

当一种传统文化被当代人一次又一次地看见以后，其实就已经不需要再区分什么传统文化和现代文化，因为一切文化，本质上都是人的文化。真正有生命力的文化，绝不是束之高阁的象征物，而应该是藏在人们生活里的方方面面的细节。那些几千人一起出演，排练好几年，气势恢宏的歌舞剧是传统文化的一种表现形式，但游戏里的一个小小的皮肤，同样也是文化的映射。耗资几个亿建立的展览馆和保护区，是对传统文化的保护，微信上的一个小程序，同样也是对文化的保护。能承载最厚重的意义，也能成为我们日常生活中最不起眼的细节，唯其如此，它才真正融入了一个新的时代。

随着时间的推移，很多珍贵的传统文化内容逐渐消失在历史的洪流中。作为当代中华民族文化传承人的我们，应当利用先进的现代技术去研究、保护历史遗存下来的优秀传统文化。① 把传统文化与科学技术相结合，在数字环境中形成系统的历史传承链，不仅在当下具有文化和经济的双重价值，而且有助于后人更为直观地了解当今时代的发展。

对于传播者而言，对传统文化的元素进行提炼、阐释和开发并不是最终目的。受众是传播环节的最后一环，促使其从认知、态度、行为三个层面发生积极的转变，才是一次成功的信息传播行为。“数字敦煌”项目作为国家重点推进的传统文化数字化项目，在敦煌文化传播方面所做的工作不可谓不多，但从其传播效果来看，依然面临着“不出圈”的困境，存在着二次回访率低、长期传播效果有限的问题。以小见大，在我国传统文化的数字化传播过程中，这样的问题显然是普遍存在的。

由于数据获取存在一定的困难，本书在传播效果的研究方面还缺乏更多有力的数据论证，但书中提出的传播效果分析指标，可以为传统文化的数字化传播效果分析提供借鉴。笔者也期盼学界各位进行补充完善，对传统文化的传播效果进行更全面科学的评估，从而为传统文化的传播策略优化提供参考，进一步提升传统文化的传播力，这也是笔者未来努力的方向。

---

① 章雨晗：《唐帝陵石像生艺术的数字化传播研究》，西安理工大学博士论文，2019 年，第 63 页。

第六章

中国传统文化的数字化传播的展望与建议

梳理这十多年中国数字娱乐产业发展的基本特征，认识中国数字娱乐产业发展的深层逻辑，需要置于更为宏大的历史、社会、文化背景中把握、体验和认识。在“资本逻辑”的强势推动下，市场经济是引起数字娱乐产业人文资源重构、文化重组的一个重要力量。在知识经济中，人类社会经济增长的支柱将来自两个方面，一方面是高新技术的发展，它解决的是人类肉体存在的需要；另一方面就是文化产业的发展，主要解决的是在高度发达的社会中，人类精神存在的需要。而这种需要，前者可以称为物质的需要，后者可以称为非物质的需要。随着科学技术的高度发展，在发达国家，物质需要已趋饱和，非物质的需要正在逐渐增加。于是，物质优先被“非物质”优先取代，硬件优先被软件优先取代，大量消费物质而体面的生活方式被“大量消费知识受到尊敬”的生活方式取代。世界出现了一种怀旧、寻根、回归自然的心绪。[①] 在这种心绪的影响下，人们热衷于了解各民族的文化历史、各种文物、艺术品。数字娱乐产业对传统文化的介入，一方面，给数字娱乐产业带来了许多新的经济增长点；另一方面，也给人文资源带来了不少的破坏，而且还迅速地重组了文化传统，而新的文化也在这重组中得以再建。有关“现代”的论释，可以有两种意义，一种是西方文明史阶段的“现代”，另一种则是作为美学概念的“现代”。在工业化发展的后期阶段，工业化的组织管理渗透到社会生活的方方面面，渗透到农业、商品流通的领域，使这些领域实现了工业化，进而渗透到文化生产、娱乐消遣的领域。文化生产和娱乐消遣从某种意义上来讲，正是美学概念的“现代”得以生成的基础。

中国近20年的互联网发展，尤其在移动互联网发展大背景下的强势崛起，依托自身的人口红利和网民优势，催生了腾讯、阿里巴巴、百度、京东等一批世界级互联网巨头。以腾讯、优酷、爱奇艺为代表的生态平台，为中国年轻一代的文艺创作者释放创作能量，带来了全新的自由创作空间。网络

---

① 方李莉：《西部人文资源与西部民间文化的再生产》，《开放时代》2005年第10期。

文学、动漫、游戏等互联网泛娱乐产业迅速崛起，B站、快手、抖音及各类直播平台的火爆，使得中国年轻一代的网络原住民在互联网构建的虚拟世界里，实现文化生产、传播和消费的生态闭环，文化生产者与消费者之间及时反馈，边界日益模糊。

中国数字娱乐产业依托自身网络基础设施的优势，各类网络文学、网络影视作品向东南亚、非洲等地区外溢，产生了巨大的商业价值和跨文化传播效果，走出了一条中国文化产业的数字娱乐突围之路。①

文化自觉往往发生在历史上的社会转型期，社会转型的文化背景一般都是处于开放性的多维向度之中，在本书的开篇，笔者试图理性而客观地描摹数字娱乐产业多样性和价值多维性，并作出原创性阐释。在本书的最后，笔者从理论和实践的结合上对数字娱乐产业引起的文化冲突和挑战，带来的创造性和破坏性，进一步做出冷静的思考。

第一节　传统文化延续的困境

当前，复兴优秀传统文化已然成为国策，是文化产业必然发挥的主战场，也是中国文化产业构建其核心价值内涵和生成逻辑的基石。

我们可以看到，传统文化在各种不同力量的主导和推动下正产生着种种的变异。传统生活还存在，本土文化也并没有消失，但从某种意义上来说，许多传统生活和本土文化是在各种数字娱乐产品的粉饰下存在的，数字娱乐产品的呈现和展演将一些传统文化塑造成一种神秘的、虚幻的、美丽的、奇异的令人向往的文化空间，吸引着人们去考察、去体验。事实上，在大众媒体、互联网乃至自媒体已经遍布世界的今天，所有的文化都是在传统文化基础上的再造，也就是我们所讲的“第二自然”，而这种“第二自然”的再造，多了更多的艺术表演的成分，我们可以称其为一种现代性的本土化，也可以称其为一种具有美学概念的现代性本土化。这是数字娱乐产业的文化田野现状给我们提供的一个新的话语空间，让我们从中观察到，我们所打造、开掘的数字娱乐产品的文化赋能实践，正在变成一种传统文化模拟提取

① 肖怀德：《中国文化产业多向发展机遇》，《中国文化报》2018－09－22。

的表演，并以此形成了一个作为美学概念的现代文化空间。在什么都可以整容的今天，数字娱乐产业正在为中国的传统文化整容。正如布希亚提出的，我们生活在"模拟的时代"。模拟的存在是导致现实与想象、真与假之间界限消失的一个主要因素。真品和赝品之间的区分正在变得越来越难，每一个当代的事件都是现实和想象的混合物。对布希亚来说，真和现实都已经不复存在，它们已经消失在似雪崩般飞来的各种模拟之中。既然不再有任何真或现实，符号也就不再代表任何东西。这是一种比现实更现实、比美者更美、比真者更真的模拟。当我们理解了这样的一个时代变化的特征以后，就可以理解为什么在今天数字娱乐产品的生产中，传统文化逐渐处在一个重要的位置上。因为文化艺术本身是一种表意文化，是一种文化的象征形式与符号的表现，所有对于现实的模拟都离不开文化艺术的表现。在传统的社会中，所有的文化象征符号背后都必然存在一个强大的意义世界。如今作为文化表现的形式不仅仍然存在，而且还更加美学化、专业化了，其背后强大的意义世界却被虚化了。就像符号学中的能指和所指，能指的符号形式还仍然存在，所指的位置却被移动和置换了。这种能指的符码不仅不指涉任何真实的事物，而且也不导向任何地方。它的终端接口就是不断地再生产。这种再生产成了一种专业化的模式。也就是说，民间的传统文化一部分随着传统的产业和传统生活方式的改变而瓦解或消失了，另一部分正在转化和重组，成为现代社会文化和经济发展中所需要的人文资源。虽然贝尔说的用文化重构文化，是后现代主义文化的特征。在现代主义和后现代主义覆盖全球的今天，文化的重构也就难免。在市面上的数字娱乐产品中，许多传统文化的仪式、歌舞及民间手工艺作为文化的表现形式，不仅保留下来了，而且还有所发展，并成为一种新的文化产业。但是这些文化形式背后的，与祖先们源远流长的宇宙观、道德观、生命观乃至生产方式紧密相连的传统文化，似乎正在碎片化甚至空洞化。虽然文化传统也有其自身顽强的生命力，但它的存在能长期抵抗住外来众多各种力量的浅层次的解构甚至挤压吗？[①]

传统文化的保护和传承当然是我们延续文化血脉的重要力量，目前，尽

---

① 方李莉：《西部人文资源与西部民间文化的再生产》，《开放时代》2005 年第 10 期。

管国家层面和知识界都在呼吁，但是这不仅是一个文化问题，而且是一个社会问题，如何将传统文化的保护和传承渗透和植入社会文化的深层肌理中，而不仅仅是几个隔靴搔痒的符号展演，变得尤为重要。

第二节 内容创意和价值困境

数字文化产业的核心在于内容创意，在于通过对创意、想象力、创造力的再开发，而不断实现版权商业价值。文化、创意资源，属于可再生资源，具有源源不断的开发价值，关键在于创造力和想象力的挖掘深度。

中国传统文化中并不缺乏想象力，《山海经》《西游记》《聊斋志异》等经典文本，都充满中国文学的想象力。但是，我们发现，现在的文化创意领域真正充满创造力、想象力的作品和人才都非常匮乏，复制、模仿成风，功利主义、过度商业化的思潮从大众商业领域向文化产业领域渗透，娱乐至死、低俗消遣的文化消费观在数字世界蔓延。究其原因，有几个方面不可忽视：

一是创意型人才的创意价值没有得到有效的保护和鼓励，往往处于相对的社会边缘状态，使得创造和提出新创意的成本太高，复制和模仿的成本低。

二是创意的发生往往出现在不同学科、不同领域的边缘连接地带，这就需要创意型人才有更宽广的知识涉猎和经验储备。现有的发源于德国的大学教育体制、专业过度细分，培养了一批批专业程度很高的行家，却失去了一批跨学科背景、思维活跃、想象力丰富的创意型人才。

三是中国当代的文化传播者、传播主体对自身文化内涵的理解不够，在跨文化传播中无法有效地传达中国文化的核心价值和精神。

陈先达认为，中国传统文化是社会主义文化之源。没有源，河流必然干涸，必然断流。中国文化的特点就是源远流长，具有持久性和不间断性，但这绝不是说，我们可以原封不动地保持中国传统文化。中国传统文化的创造性转化，是科学对待中国文化的马克思主义命题。“要做到创造性转化和发展，归纳起来主要有三条：一是分辨，区分精华与糟粕；二是激活，通过与时代结合对传统文化做出与时代相适应的新的诠释；三是创新，接续中华民族文化优秀基因推进社会主义文化建设，推出新的概念、新的观点。”

第三节 展望和建议

文化产业作为新兴产业，其发展变革的步伐是与科技发展密不可分的，网络时代下科学技术的更新迭代不断催生文化产业新思路、新业态、新模式，深刻影响着文化产业生产、消费的方式与习惯，也改变了传统文化内容的呈现与接受形式。在科技的加持下，未来文化产业发展面临许多新的机遇与挑战，文化产业工作者应秉持高度的文化责任担当，在这场深刻变革中时刻保持前瞻性的目光和勇于创新的开拓精神，用科技赋予我们的传统文化熠熠生辉的力量。

结合个案分析的研究结果，笔者从理念创新、产品创新、形式创新、渠道创新、保障体系等几个方面做出展望，并对行业发展现状进行了反思，希望在传统文化数字化传播的过程中为其多元化创新路径的探索提供一些可供参考的建议。

（一）理念创新：在文化自觉下形成多元主体聚力

中国传统文化蕴涵五千年历史积淀下来的经验与智慧，在今天仍极具价值，它以无形的力量潜移默化地滋养着经济、社会的发展，是我们文化自觉与文化自信的重要来源。文化自觉，就是对文化价值的自我觉醒、自我反思，是在文化认同的基础上对传统文化意义、作用和地位的深刻理解。做好传统文化的数字化传播，作为文化传播“把关人”的文化产业工作者要积极主动地更新观念，努力提高自我表达能力和主动传播意识，在全社会种下一颗文化自觉的种子，使其成长为中华民族文化自信的繁茂枝干，实现从文化资源大国到文化资源强国的转变。

一方面，是要正确认识传统文化的当代传播价值，在充分调查和评估的基础上，精准把握好各类文化资源的特色和禀赋，“取其精华、去其糟粕”，在扬弃中继承，在转化中创新。在我国，相当规模的传统文化资源集中在边疆、乡村和少数民族地区，而与相对落后的经济发展状况相对应的是这些地区落后的文化传播观念，这直接制约了文化传播的效力水平。因此，在经济形态的变化和现代文明的演进中，树立保护传承意识，做好这些地区民族文化的发掘与梳理工作显得尤为重要。另一方面，是要积极拥抱现代传播技术，在文化传播方式更依赖于互联网的现代语境下，促进传统文化内容与现代表达形式的有效对接。传统文化的传承离不开吐故纳新，科学、全面地对新技术建立认知，综合运用多种媒体渠道进行文化传播，能够大大增强传播过程的创新性、整体性与互动性，从而实现良好的传播效果。

在数字化和全球化的浪潮下，科学技术改变了传统的信息传播方式，影响了人们的生活方式和信息接收习惯，中华优秀传统文化想要在新时代求得发展，就应当向世界开放，向未来探求，顺应时代发展的趋势，促进自身的创造性转化和创新性发展，最终实现内在魂脉的延续和传承。

在这个过程中，政府的帮扶、专家学者的价值确认、市场经济力量的积极参与、民间传承人的实践，这些力量的良性互动共同构成文化自觉视野下传统文化传承的现代图景。

（二）内容创新：文化创意加持，跳动时代脉搏

传播传统文化的根本目的是发扬与继承传统文化，吸收传统文化中的优秀成分，与现代社会对接，为现代社会服务，从而实现传统文化价值对现代人的价值转化。“传统文化在新媒体平台的传播实则是一个改编过程，对于传播者和受众而言，都是一个意义的梳理、展示、诠释和再创造的过程。”在传统文化的传播过程中，传播文本应当贴近受众的生活，主动识别受众感兴趣的话题，以激发受众对于传统文化的亲密感，增强其体验感。

因此，在内容生产方面，传统文化产品应当根据受众的喜好进行灵活调整，在保持传统文化的温度质感的同时，对其进行现代化的转化与表达。在编码过程中，编码者按照数字化传播方式的特征，根据传统文化的社会符号、社会现实、时代特征和文化发展战略重新定位传统文化，既要满足受众的精神娱乐需要，又要注重文化产品的社会教育和文化传播功能，在向娱乐化转型的过程中讲好中国故事。

例如，2019 年大火的动画电影《哪吒之魔童降世》取材于《封神演义》，却是老瓶装新酒，运用旧题材演绎新故事，在一定程度上创作团队摆脱了原作的人物性格设定和故事框架包袱，编剧轻装上阵，融入新的价值观和好莱坞

经典的故事表现手法，把人们耳熟能详的哪吒闹海的故事打碎重构，用阴阳哲学包裹着剧情和人物。以更为成年化的叙事风格，抓住当下的历史语境以及观众的接受心理，突破传统的束缚，展现了更为普世的主题价值，将现代人普遍的生存状态透过哪吒符号化的意义传达出来，创作出属于新时代的动画电影作品。再比如，被誉为当代“坤生第一”“海上小东皇”的中国第一女老生王珮瑜，为了弘扬京剧文化，传承国粹精髓，始终致力于探索京剧与现代音乐的融合，在《中国味道》的舞台上，从技艺精湛的京剧表演，到妙趣横生的表情包教学，京剧文化在重构中冲破了枯燥无味的刻板印象，重新走进普罗大众的视野。

当然，我们不是要消除阳春白雪与下里巴人的界限，将一切艺术形式不加区分地通俗化、大众化，在当代艺术雅俗合流的过程中，仍要避免落入“娱乐至死”的陷阱，唯有以雅之心写之，以俗之力传之，带着一颗细火慢炖的心，以日雕月琢的精神，才能用心煨成一锅中华优秀传统文化的精汤，滋养中华民族的心灵。

（三）形式创新：数字技术为翼，丰富表现形式

在现代化的传播环境下，传统文化要适应当前的传播语境，不仅要在内容上对传播文本进行创新，同时也要积极进行表现形式上的创新。尤其是在2020全球疫情的形势下，随着疫情防控呈现常态化的趋势，人们的消费习惯正在悄然发生变革，为数字消费的蓬勃发展奠定了庞大的用户基础，数字技术成为文化产业转型升级的新动能。

截至2020年2月底，我国80%的5G网络建设按计划实施，预计今年将有55万个5G基站建设开通，以5G基站为代表的“新基建”迅速发展，无疑使传统文化的创意表达步入了时代的快车道。相较于传统基建，新基建更侧重于科学技术的发展，其概念界定为“以新发展理念为引领，以技术创新为驱动，以信息网络为基础，面向高质量发展需要，提供数字转型、智能升级、融合创新等服务的基础设施体系。”新基建在要素和市场层次对文化产业带来革新，有助于促进产业升级，提升新旧动能转换效率，加速我国优秀传统文化积累的巨大势能转变为产业发展动能。2019年5月发布的《数字中国建设发展报告》显示，2018年我国数字经济规模达31.3万亿元，占GDP

的比重达34.8%。与此同时，数字经济在文化领域不断渗透发展，数字技术已经成为文化发展中一种新的经济生产要素，通过强调促进科技文化创新链与产业链有效对接，提高不同内容形式之间的融合程度与转换效率。今天，我们欣喜地看到，VR、AR技术以其虚实结合、实时交互与三维沉浸的特点，给传统文化的数字化展示、保护与传播增添了更多可能，未来，5G的发展将充分释放新技术的全部潜能，给传统文化的多样化展示插上腾飞的翅膀。

在运用数字技术进行传播的过程中，还要注重传播的温度和质感。数字化传播只是一种传播手段，如果一味地追求与新技术结合，反而容易弱化文化内涵，降低传播效果。在传播过程中，不仅要重视传播信息本身的事实性和逻辑性，而且要思索如何从关系维度和情感维度拉近与公众的距离。借助现代科学技术，注入创意元素，通过文化传承与当代设计的有机结合，以更强的互动性和体验感来充分展现其文化精髓，使伟大的民族精神和传统美德重新回归民族之体，让传统文化在人们心中“生根发芽”。

（四）渠道创新：拓展多元渠道，扩大开放空间

传统文化能否在现代获得认同，除了自身魅力之外，传播途径也很关键。在如今这个读图时代、影像时代，若仍囿于旧有的传播方式，很容易堕入“酒香也怕巷子深”的尴尬境地。随着信息技术的发展，特别是网络等新兴媒介的广泛应用，传统文化的传承与弘扬被赋予新的传播途径。和线性传播不同的是，借助现代科技手段，信息传播的速度和范围都是前所未有的。

传承传统文化的过程中，文化产业工作者要充分重视大众传媒的作用，利用其文化传承功能进行文化认同的引导，积极构建和完善传统文化传播产业链，明确传统文化的传播方向，并形成从传统文化的创意设计、传统文化节日的输出以及传统文化的消费全方面资源的有效整合，形成完善的传统文化传播产业链。要学会充分整合媒介资源，借助新兴媒体来扩大影响，充分发挥传统媒体和新兴媒体的整合优势，运用算法机制实现文化内容的有效分发，通过在社交平台制造话题、加强互动的方式加深公众对传统文化的认知和了解，拓宽传播半径。充分运用互联网共建、共享的特点，积极动

员各方力量加入，不断扩大传播的“朋友圈”。另外，各种会展活动也是文化传播，尤其是跨文化传播的重要平台。2019 年的北京文博会充分展示了近年来国内“文化＋科技”融合的丰硕成果，众多具有科技内涵的文化产品项目给来自全世界的参会者留下了深刻的印象。

科技与文化的融合重构了文化产业发展业态，拓展了文化产品的转换、流通和传播等渠道，从而有效提升了文化产品向下触达的深度。在“一带一路”倡议深入发展的当下，中国文化产业想要走向世界，就要进一步拓宽文化传播的渠道，积极整合媒介资源，通过多种形式的文化交流活动，用高质量的内容和普适性价值观的传达打破文化壁垒，进一步提升中华文化的辐射范围和影响力，增强国家文化软实力。

（五）保障体系：完善政策法规，打造良好环境

随着经济社会的发展，群众的精神文化需求日益增长，如何扶持守法经营的诚信企业做大做强、发挥市场机制的导向作用成为摆在管理者面前的重要任务。政府通过法律、政策、税收等手段，构建文化产业发展的良好环境，是促进文化产业健康发展、提升传统文化数字化传播效果的必要保障。

首先，要加快知识产权保护立法，加大侵权惩处力度，保护创意者的合法权利，充分激发其积极性，推动融合背景下的文化市场健康、有序发展。目前，在文化市场管理方面虽然已经有了一些法律法规，但发展文化产业、促进文化交流等方面的立法还很少甚至是空白，对新型文化业态缺乏及时回应。《文化产业促进法》即将出台，体现了国家对文化产业的高度重视，也是国家促进文化产业发展方式的重大转变，随着文化产业新业态的不断涌现，文化市场法治建设任重而道远。其次，应从政策上予以扶持和引导，从制度创新、标准制定、金融扶持等方面入手，整合文化和科技相关的规划和资源，支持和培育新兴产业发展。2019 年，科技部、中央宣传部、中央网信办等六大部门联合制定印发的《关于促进文化和科技深度融合的指导意见》重点提出文化与科技融合的八项任务，为 5G 时代文化科技融合发展新生态指明了方向。目前，国家已认定的 34 家文化和科技融合示范基地已“动工”发展其项目特色，基本形成了以文化为内容核心、以科技创新为支撑的产业业态。最后，政府还要发挥好服务职能，鼓励地方政府科学规划建设文化和科

技融合的基础设施和公共服务平台，为文化科技企业提供生产经营场地和培训辅导、信息咨询等服务。

推进国家治理体系和治理能力现代化，必然包括推进文化治理体系和文化治理能力现代化。从顶层设计层面对文化与科技的融合予以支持和引导，对于协调推进“四个全面”战略布局、建设社会主义文化强国，实现“两个一百年”奋斗目标和中华民族伟大复兴梦具有重大而深远的意义。

（六）反思：在符号意义的建构中追寻文化原乡

现代化制造了以现代性为特征的现代社会。英国社会学家安东尼·吉登斯在《现代性的后果》一书中，从与每个人的生活息息相关的时间和空间出发，对现代社会的特性进行归纳，提出建立现代社会的前提是统一时空，使时空成为统一的度量衡。他将这一过程称为“脱域”，体现在时间上，就是将时间从空间中脱离，体现在空间上，则是空间从地点的脱离。时间和空间经过了这种去实质化的清空过程，就成为统一的尺度，使得对全部生活领域的理性规划成为可能。“在大众媒体、互联网已经遍布世界的今天，早已不存在真正的自然，也不存在什么所谓的原生态文化，所有的文化都是在原生文化基础上的再造，也就是我们所讲的第二自然，而这种第二自然的再造，多了更多的艺术表演的成分，我们可以称其是一种现代性的本土化，也可以称其是一种具有美学概念的现代性本土化。”①

对传统文化进行数字化开发的过程中，当代受众的接受心理和市场经济的逐利本质，不可避免地对传统文化内容进行了解构和重塑。同时，在全球化影响日益深化的当下，文化软实力越来越成为综合国力和国际竞争力的关键要素，对传统文化进行数字化开发亦包含着文化制胜的深刻用意。在中国果断提出“中国梦”“中国智造”“中国方案”等一系列“中国式”话语体系的当下，传统文化内容产品正逐渐表现为“元传播”视野里对“中国式”话语体系的符号化、概念化呈现。

诚然，传统文化产生的经济、社会、文化环境都已经发生了翻天覆地的变化，在科技迅猛发展的今天，新的文化又会以新的形式沉淀下来，以承载

---

① 方李莉：《西部人文资源与西部民间文化的再生产》，《开放时代》2005 年第 10 期。

人们新的生活感受。这种文化的重构是历史发展的必然趋势，并且在演变与发展中构成了文化产业的重要组成部分。但需要反思的是，在这种新的符号意义建构的过程中，文化背后所蕴含的古老的价值观——我们的传统文化精髓，是否正在逐渐碎片化甚至空洞化。正如方李莉在对西部民间艺术进行田野调查后所提出的，“如今作为民间文化表现的形式——民间艺术不仅依然存在，而且还更加美学化、专业化了，但其背后强大的意义世界却被虚化了。就像符号学中的能指和所指，能指的符号形式还仍然存在，所指的位置却被移动和置换了。”①而中华民族作为一个具有历史延续性的文化共同体，构成我们文化认同的本原，必定是那些向内探寻所得的思想、情感和价值观念。

回望数字娱乐产业的嬗变之路，我们可以清晰地发现其发展轨迹：产品形态不断裂变与更新，表现形式多元化，传播理念世俗化；娱乐的层次由浅薄的感官刺激逐步过渡到个人情感体验、群体精神交流；娱乐的互动性在日益加强，娱乐的深度和广度也在扩展；娱乐的主角由明星独霸天下转变为普通受众广泛参与；娱乐内容的实现手段借助科技的进步日趋多样化。从宏观上看，这些变化与时代的变迁和社会的进步、科技的昌明密不可分，但从微观上来说，这些变化与受众接受心理、审美需求及精神需求的嬗变联系紧密。

数字娱乐产业的发展是一个从低级到高级循序渐进、推陈出新的过程，也是一个自我完善、螺旋上升的过程。在这个过程中出现一些问题是发展中的必然现象。进化并没有方向，物种对自己的命运，其实完全无法掌控，也许这才是达尔文真正的发现。进化论的真正精髓就在于：大自然、大环境、大生态的剪刀在决定一切。正因为如此，数字娱乐产业的未来会有更大的发展空间。

马克思曾经预言，未来的社会人是按照美的原则生活的人，未来文化必然是一种审美文化，未来的生活秩序，必将是一种美的秩序。赫伊津哈预言：在一种高度发展的文明中，游戏的天性会再次全力宣称自身的存在，使个人和群体都沉浸于一个巨大游戏的迷醉当中。②

---

① 方李莉：《西部人文资源与西部民间文化的再生产》，《开放时代》2005 年第 10 期。

② 朱鹏程：《儿童与身体体验》，硕士学位论文，浙江大学，2010 年，第 38 页。

理查德·沃特森在其著作《未来50年大趋势》中说道：未来仍将有大众媒体，人们仍然想弄清楚世界上正在发生什么，希望通过娱乐来摆脱烦恼。无论是民族或是个人，生命力的富裕都流露于游戏与娱乐，所以如果你要观察一个人或是一个民族有无生气，游戏与娱乐是最好的水准。[①] 游戏和娱乐的缺乏不仅是生命力枯涸的征兆，简直是生命力枯涸的原因。

行文之末，想引用佩利坎的一句话。"传统是死者的活信仰，传统主义是生者的死信仰。"有的传统文化在传统之地成了死文化，到了非传统之地却成为活文化。若将传统文化死守成传统主义，那它就成为生者的死信仰，将成为束缚人的消极力量；反之，如若用得好，它就能在当代实现活态传承。"斩断传统的现代化是一条通往断崖的绝路，断不能放弃中华文化的主体，即要在中华传统文化中寻找可与现代接榫的要素。"[②]

---

① 陈恒：《和谐人性与人生艺术——论朱光潜"人生的艺术化"理论的思想内涵》，《浙江学刊》2006年第3期。

② 林毓生.《中国传统的创造性转化》，生活·读书·新知三联书店，2011年。

参考文献

1. 图书

[1] 波兹曼.娱乐至死[M].章艳，译.北京：中信出版社，2015：23－24.

[2] 李思屈.数字娱乐产业[M].成都：四川大学出版社，2006：45－48.

[3] 吉尔·布兰斯顿.电影与文化的现代性[M].闻钧，等，译.北京：北京大学出版社，2012：55－56.

[4] 李新科.中国游戏产业突围[M].北京：朝华出版社.2006：112－115.

[5] 特伦斯·霍克斯.结构主义和符号学[M].瞿铁鹏，译.上海：上海译文出版社，1987：55－57.

[6] 方李莉."文化自觉"视野中的"非遗"保护[M].北京：北京时代华文书局，2015：68－75.

2. 学位论文

[1] 李涛.美、日百年动画形象研究[D].成都：四川大学，2007.

[2] 肖路.国产动画电影的传统美学风格及其文化探源[D].上海：华东师范大学，2006.

[3] 吴限.比较视野下的中国动画电影发展研究[D].北京：中国艺术研究院，2015.

[4] 章雨晗.唐帝陵石像生艺术的数字化传播研究[D].西安：西安理工大学，2019.

[5] 朱鹏程.儿童与身体体验[D].杭州：浙江大学，2010.

3. 期刊文献

[1] 董天策.传媒与文化研究的学术路径与基本原则——"传媒与文化研究

丛书"总序[J].当代传播,2011(9):6-8.
[2] 尹鸿.为人文精神守望:当代中国大众文化批评导论[J].天津社会科学,1996(3):23-25.
[3] 李思屈."创新危机"的破解与中国数字娱乐产业的发展[J].浙江社会科学,2011(7):46-50.
[4] 童清艳,刘璐.网络与数字传播:增强中华文化全球影响力的有效途径[J].现代传播(中国传媒大学学报),2019(6):44-46.
[5] 邵培仁,杨丽萍.电影地理论:电影作为影像空间与景观的研究[J].河南大学学报(哲学社会科学版),2010(9):29-31.
[6] 陈恒.和谐人性与人生艺术——论朱光潜"人生的艺术化"理论的思想内涵[J].浙江学刊,2006(3):33-36.
[7] 李婷.中日美动画影像风格形塑——兼论华莱坞动画电影的破壁[J].当代电影,2016(9):77-80.

4. 报纸文献

[1] 唐弋.新国漫向传统文化靠拢[N].中国文化报,2018-10-27(3).
[2] 黄斌.传统文化要素如何赋能创意者[N].新华日报,2018-02-02(5).

索　　引

后　　记

面对数字娱乐产业的迅猛发展，笔者曾暗下决心要在这个研究领域耕耘一番。事实上，描述与阐明娱乐文化在消费时代数字化浪潮下的嬗变，厘清数字化浪潮对娱乐产业格局的影响，把握新时代娱乐产业的建设方略，无疑是摆在当代文化产业学人面前的重要时代课题。

2015 年，当我申报的浙江省哲学社会科学规划课题“数字娱乐产业进化论”获准立项之际，颇受鼓舞，以为可以通过课题研究来深化对娱乐文化的认识，为当代中国数字娱乐产业的发展奉献自己的绵薄之力。次年，又申报教育部人文社科研究基金青年项目“基于文化自觉的中国数字娱乐产业研究”，并有幸再次获准立项，希望能够在文化自觉视域下找到一条数字娱乐产业发展的新路。

然而，真正着手研究，才发现非常困难。首先，与“数字娱乐产业”类似的概念，诸如“文化产业”“文化创意产业”“娱乐产业”等，在不少论者的笔下不仅相互阐释，而且混同使用，结果，不少论著新概念满天飞，而研究的题旨或主旨却扑朔迷离。其次，对数字娱乐产业的研究，是哲学、美学、文艺学、社会学、新闻学、传播学、经济学、管理学等众多学科所共同关注的一个学术领域，多学科视阈的切入，虽然保障了学术研究的开放性，精彩纷呈，但也存在着立论言说的随意性，难免杂乱。具体到“基于文化自觉的中国数字娱乐产业研究”层面，有如下两大困境：

其一，在学术研究层面，目前学界对于传统文化的当代价值考察不足，对于传承的必要性缺乏有力的论证。而对于传统文化的传播现状研究缺乏传播学视角和理论框架，尤其是在数字化传播方面缺乏系统性的研究，不能为传统文化现代传播体系的建立提供有力的理论支撑。本研究致力于从传播学视角出发，结合社会学、艺术学、营销学等理论，力图为传统文化的数字化传播给予理论层面的支撑。

其二，在实践层面，对传统文化价值的重新发现与建构，需要站在传统内部，面向变化发展的环境，挖掘更多符合时代需求和具备普世价值的内容，同时不断丰富传统文化的表现形式。增强文化软实力的基本功，是“讲好故事”。讲好中国故事，传播好中国声音，“曲高”的同时做到“和众”，往往事半功倍。在新时期，全面总结中华传统文化的内容，充分认识其当代价值，建立科学的传播体系，对于促进当今中华优秀传统文化的有效传承，增强中华文化的影响力，建设社会主义文化强国具有重要意义。而数字化手段的应用无疑大大提升了传统文化的表现力、感染力和传播力。

因此，本研究力图贯通传统文化的文化与经济的双重价值，基于5G时代各种新兴技术手段，建立起有效的传承与输出体系，为传统文化的数字化传播探索一条可行的道路，具有理论研究价值和实践借鉴意义。

职是之故，在经过广泛的阅读与持久的思索之后，笔者从数字娱乐产业文化自觉的现状出发，探索中国数字娱乐产业文化自觉之途的主体责任、特点作用、运行机制、未来趋势等，并进一步加快我国数字娱乐产业理论体系的构建，以建设性的思维提出了设想，具有一定决策参考价值。对数字娱乐产业的理论溯源与文化自觉审视，有助于对“以文化自觉提升文化自信，激发文化想象力、创造力”的机制提出新的解释，并把总体性或宏观性的理论探讨与个别性或微观性的案例分析结合起来。

笔者自认才疏学浅，能力有限，有许多不成熟之处。本书的种种不足，都由笔者本人负责，诚请读者批评指正！